说徐志摩

陈子善　著

上海书店出版社

说徐志摩

目　录

附　录

自　序

　　本书是我关于现代诗人、散文家、翻译家、编辑家和文学活动家徐志摩的文字的结集，起讫时间为一九八八年至二○一八年。

　　我不止一次地说过，对中国现代作家的研究，我从鲁迅起步，后转到郁达夫，再转向周作人和梁实秋……在研究郁达夫的过程中，我对郁达夫中学同窗和好友徐志摩也产生了很大的兴趣，于是，断断续续，写下了这些讨论徐志摩的文字。

　　全书共分五个部分，第一部分评述已经出版的徐志摩作品集，尤其是梳理《爱眉小扎》的各种版本；第二部分探讨徐志摩的手稿和集外诗文、日记等；第三部分发掘徐志摩与国际笔会中国分会、平社的因缘；第四部分考证徐志摩与鲁迅、林徽因等同时代作家的关系；第五部分回顾不同历史时期对徐志摩的纪念和研究，包括相关的人和事。当然，这只是大致的归类。最后附录关于陆小曼的四篇短文，窃以为这是完全合适和应该的。其中一半以上的篇什是首次编集，关于国际笔会中国分会和平社的两篇是专为本书出版而撰写的。

这些文字中，有论文，有学术随笔，还有对话等，形式较杂，也就不求格式统一了，但都做了必要的校订、补充和改写。

在徐志摩研究上，我仍延续自己研究其他作家的路径，即注重发掘几近湮没的集外诗文，着意爬梳鲜为人知的文坛史实，以及特别留心手稿和已刊作品的不同版本，一言以蔽之，致力于徐志摩文献学的建构，尽可能还原一个真实的徐志摩。然而，三十年过去了，只有这么一本小书，还是汗颜。如果读者读了还有所得，那我就感到莫大的欣慰了。

感谢陆灏兄、王金声兄、岑大维兄和杭州徐志摩纪念馆的帮助，感谢"草鹭文化"策划、上海书店出版社出版这本小书。

二〇一九年元旦急就于海上梅川书舍

书比人长寿

——为徐志摩百年诞辰而作

徐志摩的《爱眉小扎》被公认是现代作家倾城之恋的文字结晶，与郁达夫的《日记九种》堪称"双璧"。这部日记、书信集作于一九二五年徐志摩、陆小曼的热恋期，一九三六年公之于世，"赋到情深句便工"，直至今日仍然充当着大量浪漫情书的蓝本，君不见《徐志摩爱眉书简》《眉短眉长》之类源自《爱眉小扎》的大小选本充满坊间？还有人编过《续爱眉小扎》呢。连香港名作家董桥最近在《秋日读书笔记》中也承认："小时候读《曾文正公家书》，不知好在哪里，当成《小仓山房尺牍》那样看，远不如《爱眉小扎》提神。"但是，若问《爱眉小扎》的版本源流，不要说一般读者，就是专门的现代文学研究者，恐也不甚了了，值得一说。

《爱眉小扎》稿本被徐志摩视为至宝，生前一直随身携带。徐志摩飞机失事罹难后，几经曲折才安然归还到陆小曼手中。为了徐志摩四十周年祭，陆小曼几经考虑，才决定把《爱眉小扎》付梓，她在《〈爱眉小扎〉序》的开头说得很清楚："今天是志摩四十岁的纪念日子，虽然什么朋友亲戚都不见一个，但是我们两个人合写的日记却已送了最后的校样来了。为了纪念这部日记的出版，我想趁今天写一篇序文；因为把我们两个人呕血写成的日记在这个日子出版，也许是比一切世俗的仪式要有价值有意义得多。"而《爱眉小扎》的顺利问世，徐志摩的学生、编辑出版家赵家璧功不可没。当徐志摩在一九三一年深秋以一种李贺、拜伦式的天才之死震撼新文坛时，正是痛失良师的赵家璧率先出版了徐志摩的遗作《秋》（一九三一年十一月二十七日良友图书公司初版，编为"一角丛书"第十三种，离徐志摩逝世仅仅八天！），接着又为编集《徐志摩全集》而奔走、呼号。这次又是他决定把这部他认为是志摩日记中"最重要的一部"的《爱眉小扎》先行出版。现在看来，这确是一个明智之举，否则，战乱和浩劫接踵而来，《爱眉小扎》稿本能否安然存世，是谁也不敢保证的。

初版的《爱眉小扎》有两种不同的版本，即"真迹手写本"和"良友文学丛书本"，两种版本各有千秋。先照录良友图书公司特印"真迹手写本"的《说明》如下，以存历史之真：

志摩先生之《爱眉小扎》，写在一本用北京连史纸订的线装簿上，字迹美丽，笔触清秀。而且因为在恋爱期中，喜怒哀乐的心绪不同，他的字迹，也因之而各异。现在我们商得陆小曼女士之同意，用真迹橡皮版影印一百部，作为纪念今年志摩先生的四十周年祭，

《爱眉小扎》扉页，散文集，一九三六年四月上海良友图书公司限定真迹手写本一百部之一。

《爱眉小扎》，一九四三年二月良友复兴图书
印刷公司桂林本。

敬献给特别爱好志摩先生的文章和手迹的人。影印本
的大小，纸张，封面，版本与他的手写本相同，限印
一百部，售完为止，决不再版。

　　这部用上等连史纸两色套印的"真迹手写本"为
十开大本，阔七寸，高十寸，丝线装，素雅大方，几
可乱真，志摩如泉下有知，一定也会爱不释手的。犹
记志摩第一本诗集《志摩的诗》的初版本也是线装的，
同样古色古香，出版后颇为当时新文学界中的青年激

进派所诟病。其实这是中国文人独有的雅兴和意趣，是从深厚的文化传统中流淌出来的悠悠情怀。《爱眉小扎》"真迹手写本"在让读者阅读作者"生命中最真实而最宝贵的记录"的同时，也让读者真切地品赏作者清逸的墨迹，无论就版本学还是手稿学而言，都是值得徐志摩作品爱好者珍藏的。可惜这是限定版，仅影印一百部，沧海桑田，而今早已凤毛麟角。笔者有幸在赵家璧处翻阅他留存的一部"真迹手写本"，摩挲再三，仿佛触摸到了徐志摩追求真爱的灵魂，感叹不已。

《爱眉小扎》"真迹手写本"是一九三六年四月十日推出的，三月十五日，"良友文学丛书本"已先期与世人见面了。这是小三十二开布面精装本，并有印制精美的护封，列为"良友文学丛书"第二十四种。与"真迹手写本"相比较，除了《爱眉小扎》（即徐志摩一九二五年八月九日至三十一日、九月五日至十七日的日记）之外，"良友文学丛书本"还增加了志摩一九二五年三月三日至五月二十七日给陆小曼的十一封信和陆小曼一九二五年三月十一日至七月十一日的日记，后者风格笔调颇受志摩影响，同样流丽可诵，与《爱眉小扎》前后呼应，正可对照研读。因此，"良友文学丛书本"内容更为全面丰富，自有其不可替代的重要价值，"为研究诗人早期生活者第一次提供了宝贵的资料"（赵家璧语）。何况书中还印有徐志摩、陆小曼的像和婚后合影、志摩《爱眉小扎》题眉、手迹和陆小曼日记手迹插图数帧，对一般读者来说，也许更感亲切和神往。此书初版印数就达三千册，四个月后又加印了二千册，一九四〇年六月还出版了三版普及本，足见其受欢迎的程度。顺便提一下，上海书店在十年前影印《爱眉小扎》时就是以"良友文学丛书本"一九三六年七月的再版本为底本的。

抗战爆发以后，良友图书公司在连天烽火中内迁桂林，以良友复兴图书公司的名义继续出书，第一本就选择了《爱眉小扎》。这是《爱眉小扎》的第三种版本，由于不见各家著录，姑且称之为"良友桂林本"。它出版于一九四三年二月，小三十二开平装，土纸重排，"良友文学丛书本"中的所有照片和手迹插图全部取消，封面设计也做了相应的改动。当时大后方条件艰苦，印刷简陋，这样做当然是不得已而为之，完全可以理解。但"良友桂林本"也有其独特的价值，书前增加了一篇陆小曼一九四二年十二月十五日写于上海的《重排本序》。此文写得情真意切，却一直不为人所知，为了给研究徐志摩提供一点新的资料，转录如下：

这次良友公司从上海迁到桂林，最先把志摩的这本遗作出版，是使我听了很高兴的一件事。

志摩飞去迄今，已是足足的十年，我是预备在他逝世十周年的时光，把他另一部分未发表的日记书信在上海编集出版，可惜战争把这一个小小的计划又给打破了。本书一九三六年在上海初版出书时，我的序文中曾说：把这本两人呕血写成的日记出版，来纪念志摩四十岁的诞辰；如今又只能把这部日记的出版桂林本，来纪念志摩的十周年忌辰了。

八年以前，我本有自己出版志摩全集的计划，材料都搜齐了，目录也编就了（预备共出十部，内诗集三册，散文三册，日记一册，译作二册），某书馆自告奋勇的说这部全集只有他们能出，也只有他们能出得好，我当然相信他们的话。如今时间已过去八年，这部全集还如石沉大海，不知何年何日才能和世人见面，回想起来，真是太对不起志摩了。

我现在正在重新打起我萎顿的精神，要把这个计划自己来实现，靠人家是没有用的。等这部全集出版时，我对志摩所欠良心上的债才算清偿，那么我死了也是瞑目的了。

编者写信来要我在重排本前写点东西，便胡乱的写了这些话，请读者们原谅！

这篇序之所以重要，是因为它首次透露了《徐志摩全集》的出版由于"某书馆"（即商务印书馆）的故意拖宕而石沉大海，还因为它再次含蓄地表达了作者对志摩的歉疚之情。徐志摩与陆小曼的结合虽然轰动一时，但他们的婚后生活并不像人们所想象的那样十分美满，陆小曼有不少对不起徐志摩的地方，或者可以说，志摩的死陆小曼或许应负一定的责任。不过，在徐志摩"乘着清风飞到云雾里去了"（陆小曼语）之后，陆小曼如梦初醒，悲痛欲绝，从而为出版徐志摩遗作而寝食不安，心力交瘁，毕竟还是值得称道的。如果不是陆小曼坚持不懈的努力，不要说《爱眉小扎》，就连后来的《徐志摩全集》也是难以编竣的，至少也要延迟许多年。这与现代文学史上另一位杰出作家，也是徐志摩同学，其婚姻曾被誉为"富春江上神仙侣"的郁达夫生前身后遭到的不幸和指责恰恰形成了鲜明的对照。

除此之外，《爱眉小扎》还有第四个版本，那就是抗战胜利后由赵家璧主持的晨光出版公司一九四七年三月初版的《志摩日记》。此书小三十二开平装，为"晨光文学丛书"第六种，除了收入"良友文学丛书本"中的《爱眉小扎》和《小曼日记》外，还收入了志摩的另两部日记《西湖记》和《眉轩琐语》，以及志摩友人泰戈尔、胡适、闻一多、杨杏佛等人题写的纪念册《一本没有颜色的书》，陆小曼为此书新写了序文。这个版本实际上是《爱眉小扎》的扩大，因此，或可称为《爱眉小扎》的"晨光增补本"。《志摩日记》翌年九月再版，流传较广，笔者就不多评介了。

书比人长寿。徐志摩英年早逝，固然给中国诗坛和文坛带来巨大损失，但他的散文代表作《爱眉小扎》终于保存了下来，而且还一版再版，不胫而走。在徐志摩百岁诞辰来临之际，笔者真希望《爱眉小扎》"真迹手写本"有机会像俞平伯的新诗集《忆》手写本那样按原样重印，也希望"良友文学丛书本"或"晨光增补本"如再重印的话，能够补入陆小曼为"良友桂林本"所写的《重排本序》，使之更为完备，这也应该是广大徐志摩作品爱好者的共同愿望吧？

一九九七年一月七日于上海

（原载一九九七年五月南京《书与人》第二十二期）

"你是人间的四月天"

——关于《爱眉小扎》及其他

疯子、情人和诗人，乃三而一、一而三者也。

——莎士比亚《仲夏夜之梦》

一九三六年，上海文坛发生了一件大事。这年是二十世纪新诗坛祭酒徐志摩诞生四十周年和罹难五周年，徐志摩未亡人陆小曼为了纪念，出版了她整理编选的《爱眉小扎》，从而把她和徐志摩之间那段刻骨铭心的倾城之恋，完完整整地公之于世，二十世纪中国文学史也因此增添了一部惟真惟美的散文佳作。

所谓"爱眉小扎"，指的是徐志摩和陆小曼在二十世纪二十年代顶住来自家庭和社会各方面的压力真心相爱、相许，所写下的一组日记和书信。《爱眉小扎》

有两种版本。一种是一九三六年四月由上海良友图书公司出版的"真迹手写本",系题为"爱眉小扎",署名"心手"的徐志摩一九二五年八月九日至三十一日、九月五日至十七日的日记手稿影印本;另一种是一九三六年三月由上海良友图书公司出版的铅排本,除了收入徐志摩上述日记之外,还增收了徐志摩一九二五年三月三日至五月二十七日致陆小曼信十一封和陆小曼一九二五年三月十一日至七月十一日所写的《小曼日记》。"真迹手写本"用上等连史纸,黑、蓝两色套印,十开丝线装,美轮美奂,限印一百部,极为珍贵。铅排本小三十二开布面精装,配以精美护封,同样素雅大方,惹人喜爱。

《爱眉小扎》之所以引人注目,因为它是徐志摩与陆小曼热恋的真情告白。在三十五载短暂而又浪漫的人生中,徐志摩先后与张幼仪、林徽因、陆小曼三位女性产生情感或婚姻纠葛,而最纯真、最动人的是他与张幼仪离异之后,与林徽因失恋之后,遇到了陆小曼,很快与陆小曼坠入爱河,爱得轰轰烈烈,爱得死去活来,爱得令假道学震惊,爱得使后来者钦羡。这一切在《爱眉小扎》中表露得明明白白,显示得清清楚楚,使读者得以再真切不过地感受徐志摩和陆小曼两颗活泼泼的爱的灵魂。尽管徐志摩反抗名教,追求理想的真爱，"从茫茫的人海中访我惟一灵魂之伴侣"的努力，最后以并不完美的情感悲剧而告终，但他的爱情历程见证了一个时代的困惑和悲哀，从而也就超越了一般名人的风流韵事，而具有文化的内涵和省思。

诗人历来是最难被人理解的，西方的拜伦、雪莱是如此，中国的徐志摩也是如此。徐志摩热狂的情爱经历，在他生前身后，乃至七十年后的今天，一直是众说纷纭，莫衷一是。他与张幼仪的离异引起争议，他与林徽因的相爱也引起争议，他与陆小曼的结合更引起争议，有论者甚至认为"徐志摩之为人为诗，皆可以'肉麻'二字了之"（引自浦江清：《清华园日记》），但在二十世纪中国文学史上与徐志摩一样具有重要地位的林语堂却持相反的看法：

> 志摩，情才，亦一奇才也，以诗著，更以散文著。吾于白话诗念不下去，独于志摩诗念得下去。其散文尤奇，运句措辞，得力于传奇，而参任西洋语句，了无痕迹。

徐志摩中学同学，二十世纪中国文学史上另一位"情种"，写出了惊世骇俗的《沉沦》的郁达夫，在《怀四十岁的志摩》中对徐志摩的情与文也有极高的评价：

　　他和小曼的一段浓情，在他的诗里、日记里、书
简里，随处都可以看得出来；若在进步的社会里，有
理解的社会里，这一种事情，岂不是千古的美谈？忠
厚柔艳如小曼，热烈诚挚若志摩，遇合在一道，自然
要发放火花，烧成一片了，哪里还顾得到纲常伦教？
更哪里还顾得到宗法家风？

　　林语堂和郁达夫不约而同地肯定徐志摩的爱情，
肯定徐志摩的爱情与其文学创作的密不可分的依存关
系，绝非偶然。爱情催生文学，爱情是培育优秀乃
至伟大文学作品的温床，古今中外，概莫能外。单就
二十世纪西方文学而言，法国杜拉斯没有在越南的初
恋，何来不朽的小说《情人》？英国格林若无一段隐
秘的情感纠缠，何来小说《恋情的终结》？美国普拉
斯如未体验陷入情网的痛苦，又何来悲怆的小说《钟
罩》？相比之下，中国作家似更惯于运用直截了当的
日记体、书信体来展示情感世界的火与冰，男女之间
的爱与恨。郁达夫有轰动一时的《日记九种》，徐志摩
则有这部感情浓烈、文字优美的《爱眉小扎》。
　　徐志摩与陆小曼共结连理之后不久，两人感情就

出现裂痕，后来更发展到几乎不可收拾的地步，其中原委十分复杂，难以一言尽述。不过，必须指出的是，徐志摩飞机失事，英年早逝之后，陆小曼痛定思痛，决心在有生之年清偿负欠徐志摩的良心之债。她抱病整理出版《爱眉小扎》和《志摩日记》，哪怕书中有对她的批评，甚至责备也毫无顾忌；她为《志摩全集》的早日问世作了长期的坚持不懈的争取，直至生命的最后一刻。这些都是十分感人的，也说明她毕竟深爱着徐志摩。与徐志摩其他许许多多日记和情书（即被徐志摩存放在随身携带的，视为生命的"八宝箱"中的那些文字）神秘失踪，迄今下落不明相比，陆小曼保存、流布徐志摩作品之功实不可没。

这部新编《爱眉小扎》是迄今为止徐志摩与陆小曼两人爱情文字最为完备的汇编本，全书共分为四辑。第一辑"爱眉小扎"，收入经过校勘的初版《爱眉小扎》中的徐志摩日记和书信。后来发现的徐志摩一九二五年六月二十六日至一九三一年十月二十九日致陆小曼信，一九四七年三月晨光图书公司初版《志摩日记》中的《眉轩琐语》，徐志摩一九二五年十二月的日记摘录以及徐志摩写给陆小曼的诗集《巴黎的鳞爪》和《翡冷翠的一夜》序言，也收入其中；第二辑"小曼哭摩"，收入初版《爱眉小扎》中的《小曼日记》，陆小曼在徐志摩逝世之后所写的《哭摩》《〈爱眉小扎〉序》《〈志摩日记〉序》《〈云游〉序》等一系列纪念文字；第三辑"别离的笙箫"，收入目前所能见到的徐志摩写给林徽因的两封信，徐志摩与张幼仪的《离婚通告》和他写给张幼仪的诗和信等，以便让读者对徐志摩的爱情和婚姻纠葛有更全面的了解；第四辑"情诗选萃"，收入徐志摩所写的三十七首悱恻缠绵的情诗，其中有写给陆小曼的，也有写给林徽因的，供读者比较赏读；"附录"部分选收别具一格的徐志摩、陆小曼爱情纪念册上泰戈尔、胡适、闻一多等人生动有趣的题词。特别应该加以说明的是，"爱眉小扎"是指一束关于徐志摩与陆小曼恋情的日记和书信，此"扎"非"书札"之"札"，这从《爱眉小扎》"真迹手写本"数则徐志摩亲笔所书书名和《爱眉小扎》初版铅排本的排印均可清楚地辨认，遗憾的是，长期以来"爱眉小扎"错排成"爱眉小札"，以讹传讹，这次也予纠正。

美国哈佛大学教授李欧梵在其名著《中国现代作家的浪漫一代》中说："林纾证明了爱，苏曼殊在爱中漂流，郁达夫创造了他的爱的想象，而徐志摩体现了爱的本身。"诚哉斯言。而徐志摩"爱的本身"最完美的体现无疑是《爱眉小扎》。

本书即将付梓之际，正值大陆和台湾合拍的描写徐志摩爱情故事的电视连续剧《人间四月天》在台湾和上海掀起收视热潮之时。《人间四月天》自有其艺术上精美成功值得称道之处，但剧中对徐志摩与张幼仪、林徽因和陆小曼婚恋情史的诠释，仍存在一些失实和不少误解之处。因此，若要真正认识徐志摩其人其文其事，真正了解徐志摩与陆小曼之间由海誓山盟到爱怨交织的过程，包括徐志摩与张幼仪的婚变、与林徽因的情变，读一读这部徐志摩与陆小曼情爱结晶的《爱眉小扎》是很有必要的。归根结底，《爱眉小扎》是要比电视连续剧《人间四月天》更为真实可信，更为凄婉动人的。

二〇〇一年三月十一日于杭州

（原载二〇〇〇年三月北京经济日报出版社初版《爱眉小扎》）

徐志摩爱情日记出版考略

　　徐志摩是二十世纪中国新诗坛祭酒，这早已为文学史家所公认。他的那些深具艺术魅力的诗章，如《再别康桥》，如《沙扬娜拉》，如《偶然》，如《海韵》，也早已成为二十世纪中国新诗的"经典"，为一代又一代的新诗爱好者所传诵。今天，我们说到徐志摩，首先想到的就是他是一位杰出的新诗人。他的短暂而又浪漫的一生，也是一首优美的诗。

　　然而，也有论者如徐志摩好友梁实秋就认为，其实徐志摩的散文成就应在他的新诗之上。梁实秋在《谈志摩的散文》中对徐志摩散文的"妙处"曾作过中肯的分析，指出"志摩的散文，无论写的是什么题目，永远的保持一个亲热的态度。我实在找不出比'亲热'

更好的形容词"。如果认同梁实秋的观点，那么，在徐志摩散文中占据极为重要地位的他的日记，特别是爱情日记，就更是亲密无间，"亲热"无比了。

文学史告诉我们，日记和日记文学是两个不同的概念，两者既亲密关联又不能完全等同。虽然现在有人主张"日记本就是写给别人看的"，它"总有隐含的读者，隐含的交流欲望"，但在一般情况下，日记应该是纯粹的记事，纯粹的个人表达，是作者"写给自己看的"（鲁迅语），并不打算发表，所谓"备遗忘，录时事，志感想"（郁达夫语）是也，鲁迅而且断言"这是日记的正宗嫡派"。而日记文学虽然也应该是真实的，不能虚构、不能作伪（日记体的小说是另一种情形，暂且不论），但并不排除艺术加工和艺术渲染的成分，如徐志摩同窗好友郁达夫的《日记九种》就是二十世纪中国文学史上有名的日记文学作品，在作者生前就已出版且引起轰动，一纸风行。所以日记文学可以归入文学创作的范畴，而日记则不可。

当然，徐志摩日记的情形又有所不同。徐志摩的日记，特别是他那些"浓得化不开"的爱情日记，既是这位大诗人毫不作伪的生活实录，即真实的私人日记，同时也是感情真挚浓烈，文笔清丽隽永的散文作品，即上乘的日记文学，两者可谓合而为一，相得益彰，成为个人空间与公共空间之间相互渗透的一个范例，这在中国新文学史上是颇为鲜见的。

徐志摩日记的发表出版史十分曲折而令人感慨。徐志摩只在人世存留了短短的三十五个年头，用今天的流行话来说，真的是"潇洒走一回"。在徐志摩生前发表的丰富多彩的诗文中，除了在较为冷僻的上海光华大学校刊上刊登过四页英文的《翡冷翠日记》片段之外，并没有日记在内。一九三一年十一月十九日，徐志摩在济南近郊北大山上空驾鹤西去，不久由他创办的新月书店就预告出版《徐志摩日记》以为纪念，但迟迟未见踪影。倒是徐志摩学生、后来成为编辑和出版家的赵家璧在他所编的"徐志摩遗作"《秋》中重刊了《翡冷翠日记》，并盛赞徐志摩"用心血织成的日记"，"怕要比他所有的著作更值得宝贵"。

到了一九三二年十一月，也就是徐志摩逝世一周年之际，徐志摩好友、诗人邵洵美在他主编的《时代画报》第三卷第六期上揭载徐志摩的《眉轩琐语》（包括《眉轩琐语》首页手迹）。这是徐志摩日记的第一次正式公开，尽管只有短短的两则和序文。邵洵美在《眉轩琐语》文前加了一则按语，很值得注意：

去年十一月十九日志摩在济南遇险，匆匆已一年了。这一年中一切都有了很大的更易，志摩有灵，亦当惊讶这世界真会变化。可是志摩所一手栽培出的诗园里，到现在还只是畸畸零零的几朵。奈何！

最近小曼交予志摩所遗日记数册，嘱为编就付印，赶十九日出版，分送各亲友。《眉轩琐语》，乃新婚时所写，特选出刊登本报，以作纪念。

从中可以得知，当时已有出版徐志摩日记集的计划，可惜后来仍未落实。《眉轩琐语》一经发表，就引起文坛的关注，新文学史料学家阿英就把它编入《日记文学丛选》（一九三三年六月上海南强书局初版），作为"私生活日记"之一种向读者推荐，并且指出"量的方面虽不多，但读者同样可以看到志摩日记写作的体例与方法的。"

两年之后，徐志摩的另一好友林语堂在他主编的《论语》第三十八、三十九、四十、四十二、四十三期连载徐志摩另一部更为重要的爱情日记《爱眉小扎》，虽然仍是部分，并未刊完，却具有特殊的意义。因为这是《爱眉小扎》最早公开同时也是最真实的一个版本。后来出版的各种版本的《爱眉小扎》，包括"真迹手写本"在内，均有所删节，惟独这份最初发表的《论语》刊本是未经删节的，保留了历史的原貌，如其中一再出现的适之、叔华等友人的名字，后来的刊本都删去了，堪称原汁原味，极为难得。

又过了一年，一九三五年六月上海《人言》第二卷第十六期刊出《志摩日记》出版预告，这是邵洵美为出版徐志摩日记所作的第二次努力，预告中说：

本书为已故诗人徐志摩杰作，文笔清新，字字含有深意，从该书中，可以窥见徐诗人之日常生活动态，开日记中之新颖格调。卷首并附有徐夫人陆小曼女士之《忆摩》，及邵洵美先生之《志摩日记三种书后》一文。邵先生为徐诗人知友之一，所记述之事，多为朋友中所不详者，其价值之可贵，自不待言。全书用上等道林纸活体字排印，硬面精装，美奂美轮。

尽管预告言之凿凿，连印刷用纸和装帧样式也已宣布，但这部《志摩日记》最终还是未能问世，再一次让读者感到失望。但预告中所透露的这部《志摩日记》拟收入的三种徐志摩日记，除了《爱眉小扎》和《眉轩琐语》，还有一种是什么，是否就是后来的晨光版《志摩日记》中所收的《西湖记》，这就有待徐志摩研究专家考证了。

据说徐志摩日记的出版一波三折，困难重重，主要是受到了徐志摩生前十分信任的好友胡适等人的阻挠，陆小曼在回忆录中曾经有过较为含蓄的抱怨。现在看来，胡适等人的担心也不是没有道理，毕竟日记是很私人化的，甚至可能涉及隐私，徐志摩与林徽因、凌叔华、陆小曼等人的情感纠葛又颇为复杂敏感，胡适等人也不同程度地卷入其中，他们不愿意徐志摩日记过早公开，也就情有可原了。不过，胡适一九三二年六月在他主编的《独立评论》第三号上也发表过徐志摩一九二五年十二月的日记之一页，并说明这是徐志摩和陆小曼"结婚前在北京的日记，文字最可爱"，还是难能可贵的。

到了一九三六年四月，徐志摩日记终于"千呼万唤始出来"。为纪念徐志摩四十岁冥诞，上海良友图书公司隆重推出徐志摩《爱眉小扎》"真迹手写本"。这册题为"爱眉小扎"、署名"心手"的徐志摩一九二五年八月九日至三十一日、九月五日至十七日的日记手稿影印本，用上等连史纸黑、蓝两色套印，十开丝线装，限印一百部，美轮美奂，十分珍贵。书中第一次清晰地展示了徐志摩和陆小曼之间那段刻骨铭心的浓情爱恋。此前一个月，上海良友图书公司又推出《爱眉小扎》布面精装铅排本。铅排本除了收入徐志摩上述日记，还增收了徐志摩一九二五年三月三日至五月二十七日致陆小曼的情书十一通，以及陆小曼一九二五年三月十一日至七月十一日所写的《小曼日记》，从而一并展示了陆小曼尚未为人所认知的出众的文学才华。徐志摩与陆小曼的恋爱，爱得轰轰烈烈，爱得死去活来，爱得令假道学震惊，爱得使后来者钦羡。这一切在《爱眉小扎》中表露得明明白白，显示得清清楚楚，使读者再真切不过地感受到徐志摩和陆小曼两颗活泼泼的爱的灵魂。这册徐志摩陆小曼爱情日记也因之大受欢迎，初版不到四个月即再版就是明证。

稍后，邵洵美又在他主编的一九三六年八月《论语》第九十三期上发表徐志摩日记《儒林外史之一页》。经查对，原来是《西湖记》的节选，冠以如此篇名，真是幽默风趣。《西湖记》是徐志摩一九二三年九月至十月间的一册日记，涉及徐志摩当时与胡适、任叔永、朱经农、郭沫若、田汉、郑振铎等文坛学界翘楚的交往，足以证实徐志摩是"人人的朋友"，具有不容忽视的史料价值。这也是《西湖记》的首次面世。

时光飞快地流逝，不知不觉，到了一九四七年三月，在徐志摩五十岁冥诞来临之际，赵家璧主持的上海晨光出版公司出版了新的《志摩日记》，列为"晨光文学丛书"之一种。这部《志摩日记》除了保留了良友版《爱眉小扎》中的《爱眉小扎》和《小曼日记》，增补了全部的《西湖记》和《眉轩琐语》，还以真迹影印的形式公开了陆小曼精心保存的徐志摩纪念册《一本没有颜色的书》，其中有印度诗圣泰戈尔和胡适、闻一多、杨杏佛、邵洵美、陈西滢、顾颉刚、张振宇、曾孟朴、林风眠、俞平伯、叶誉虎、任叔永、章士钊、杨清馨、吴经熊、江小鹣、杨振声、谢寿康等徐志摩生前友好和徐志摩本人的题画题诗题词等，琳琅满目，美不胜收。这是二十世纪上半叶出版的最后一部徐志摩日记，也是相对而言最为完整的徐志摩日记集。

有必要指出，良友版《爱眉小扎》和晨光版《志摩日记》组成了现存徐志摩日记的基本部分（近年新发现的徐志摩早年日记《府中日记》和《留美日记》当然使之更为完备，但这不在本文所讨论的范围之内）。此后半个世纪里，海峡两岸三地出版的各种版本的徐志摩全集、文集、选集的日记卷无不采用之。这是应该庆幸的，这也不能不归功于这些日记的保存者陆小曼、出版人赵家璧和邵洵美等人。如果没有他们排除干扰、坚持不懈的努力，我们今天可能就读不到徐志摩这些情思绵绵又文采斐然的日记了。

现在台湾九歌出版社重编重印徐志摩爱情日记，不但是半个世纪以来首次完整地再现《志摩日记》一书，而且增补许多新鲜的内容，冠以更为确切的《真爱与永恒——徐志摩与陆小曼爱情日记》书名，毫无疑问是值得充分肯定的好事。这部显示徐志摩与陆小曼倾城之恋心路历程的日记集的问世，既为海内外徐志摩研究者提供了新的宝贵资料，同时也给年轻的文学爱好者提供了足资启示的优秀的日记文学读本，其意义是多方面的。因此缕述徐志摩日记出版史如上，作为回顾，也作为期盼。如有不当之处，尚祈海内外方家指教。

（原载二○○四年一月台北九歌出版社《真爱与永恒》）

《猛虎集》签名本

一

自从姜德明先生在《书衣百影——中国现代书籍装帧选》（北京三联书店一九九九年十二月初版）中把《猛虎集》列入后，徐志摩这部新诗集的"身价"在旧书商眼中就越来越高，大有"奇货可居"之势。

不过，在我看来，一九三一年八月上海新月书店初版、13.2×18.9cm 开本的《猛虎集》之所以值得珍视，其原因有三。

首先，它是徐志摩生前编定、出版的最后一部诗集，三个月后，他就在济南近郊北大山飞机失事，驾鹤西去了。其次，它是徐志摩诗歌创作史上一部特别重要的诗集，脍炙人口的《再别康桥》，回肠荡气的

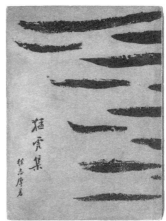

《猛虎集》，一九三一年八月新月书店初版，
为徐志摩生前出版的最后一本新诗集。

《我等候你》，格律谨严的《在不知名的道旁》，备受争
议的《秋虫》和《"我不知道风是在哪一个方向吹"》
等诗都收录在本书中。书前的序文更是徐志摩对自己
新诗创作历程的一个简要的回顾，一个自责甚严的小
结："诗人也是一种痴鸟，他把他的柔软的心窝紧抵着
蔷薇的花刺，口里不住地唱着星月的光辉与人类的希
望，非到他的心血滴出来把白花染成大红他不住口。
他的痛苦与快乐是浑成的一片。"第三，它的装帧是闻
一多设计的，书名也出自闻一多手笔。作为新月派的
另一位代表诗人，作为优秀的书籍装帧家，闻一多设

计的《猛虎集》确实风格独具。封面上并无猛虎的具体形象，但封面和封底摊开恰是一张虎皮，鲜黄的底色，浓黑的花纹，象征的笔法，给人一种猛虎威武无比、咄咄逼人的视觉冲击力。难怪姜德明誉之为"简单几笔，美丽含蓄"，还有人誉之为"中国早期书籍装帧艺术中一颗闪闪发亮的星"。《猛虎集》初版另有精装本，为淡褐色细纹布面，魅力全失了。由此可见，从内容到形式，初版平装本《猛虎集》都是一部完美的艺术品。

我所藏《猛虎集》初版平装本还是一部签名本，当然更为难得。书前环衬上有作者用蓝黑墨水笔题写的七个字：

魏智先生
　　徐志摩

当时徐志摩正在北京大学外国文学系执教，这部《猛虎集》应是他题赠在北京的友人"魏智先生"的。后来不知怎么流落于京中的旧书肆，二十世纪五十年代初为文史专家谷林先生所觅得。此书封底有铅笔所书"7000"，也就是说当时谷林先生以七千元旧币相当于而今零点七元人民币的价格购下此书的。谷林珍藏四十余年后，于九十年代初转赠吾友陆灏兄，陆灏兄知道我专攻中国现代文学，于是把玩若干时日后，又遵"红粉赠美人，宝剑赠英雄"的古训，慨然割爱赠我。

这部《猛虎集》签名本书品完好如新，书后白页上有谷林亲笔手录的蔡元培挽徐志摩联："谈诗是诗，举动是诗，毕生行径都是诗，诗的意味渗透了，随遇自有乐土；乘船可死，驱车可死，斗室坐卧也可死，死于飞机偶然者，不必视为畏途。"书前环衬和正文第一页上则分别钤有"陆灏珍藏"和"修之藏书印记"两印，所以更令我宝爱。只是陆灏兄赠书时曾提出一个"条件"，要我"考证"出魏智到底是何许样人。七八年过去了，我只推测魏智不大可能是文坛中人，对魏智其人其事仍一无所获，惭愧，惭愧。

二〇〇二年八月十二日

二

拙文发表后，有读者来信热情提供线索，终于借助无远弗届的互联网，查明魏智其人，而谷林先生对这部签名本的简要评述也有幸公之于世。

先说谷林先生的评语。他于一九九三年十一月二十三日致扬之水女士信中这样说："《猛虎集》徐志摩新诗，扉页有题赠签署：上款魏智先生，下署徐志摩三字，钢笔字写得挺拔有姿致，因谓海藏日记中有徐志摩与郑孝胥约定往观其临池的记载，有一次是与胡适两人同去观看"（止庵编《书简三叠》，二〇〇五年九月济南山东画报出版社初版），可知谷林认为徐志摩的字受到过郑孝胥的影响。

再说魏智其人。正如我当年推测的，魏智并非"文坛中人"。他原来是法国人，中文名魏智，法文名 Henri Vetch（一八九九一？）。魏智一九二〇年代到北京，二十年代末任中国图书有限公司（China Booksellers Ltd.）经理，后又在北京饭店内开办法文图书馆（The French Bookstore），同时出版关于中国历史文化的书籍，其中有冯友兰著《中国哲学史》上册（英译本，布德译）、《中国法制史》（法文本）等。

徐志摩一九二四年与胡适等在北京组织新月社，除了与新旧文学圈、文化界和商界中人，也与在京外国友人颇多交往，很可能在那时认识比他小三岁的魏智。

《猛虎集》初版于一九三一年八月，当时徐志摩是北京大学外国文学系教授。据《徐志摩生平年表》（韩石山等编：《徐志摩评说八十年》，二〇〇八年七月北京文化艺术出版社初版）记载，徐志摩一九三一年九

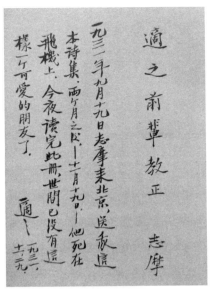

徐志摩题赠胡适的《猛虎集》扉页上的胡适题记

月十七日从上海回到北平，十一月十一日离开北平南下，十九日就在返平途中机毁人亡。因此，《猛虎集》题赠魏智的时间，当可推断在一九三一年九月十八日至十一月十日之间。

二〇一三年六月一日

三

关于《猛虎集》，还有一件文坛轶事很值得一说。

徐志摩"飞去"后，周作人写了颇为感人的《志摩纪念》，刊于一九三二年一月《新月》第四卷第一期志摩纪念号。此文开头就说：

面前书桌上放着九册新旧的书，这都是志摩的创作，有诗，文，小说，戏剧，——有些是旧有的，有些给小孩子们拿去看丢了，重新买来的。《猛虎集》是全新的，衬页上写了这几行字："志摩飞往南京的前一天，在景山东大街遇见，他说还没有送你《猛虎集》，今天从志摩的追悼会出来，在景山书社买得此书（册）。"

这就再清楚不过地告诉我们，徐志摩最后一次与周作人见面时表示要送他《猛虎集》，但是徐志摩这个心愿无法实现了。仿佛是上苍冥冥之中自有安排，周作人参加了北平徐志摩追悼会后，竟在景山书社见到了《猛虎集》，于是他立即购下，回家后郑重其事地在书的前环衬写下了这段题词以为纪念。这段题词只是记事，文字平淡无奇，却字字见出周作人对徐志摩"真的深切的感情"。

这册《猛虎集》后来由周作人寄赠香港鲍耀明先生。在周作人题词整整八十年之后，又送交北京嘉德国际拍卖公司公益拍卖，使我们得以看到周作人这段毛笔题词的全貌。题词落款为"二十年十二月六日，岂明"。由此可知，北平举行徐志摩追悼会的时间是一九三一年十二月六日，一周以后，周作人写了《志摩纪念》。由此又可知，这册《猛虎集》是签了周作人名字的具有特殊意义的签名本。

周作人在《志摩纪念》中强调："中国新诗已有十五六年的历史，可是大家都不大努力，更缺少锲而不舍地继续努力的人，在这中间志摩要算是唯一的忠实同志，他前后苦心地创办诗刊，助成新诗的生长，这个劳绩是很可纪念的，他自己又孜孜矻矻地从事于创作，自《志摩的诗》以至《猛虎集》，进步很是显然，便是像我这样外行也觉得这是显然。"直至今日，这段对徐志摩新诗功绩的评估仍可视为不刊之论。

二〇一六年七月二日

（原载二〇一七年五月北京海豚出版社初版《签名本丛考》）

关于话剧《卞昆冈》的对话

问：徐志摩、陆小曼合著的五幕话剧《卞昆冈》最近将在上海公演，你是专攻中国现代文学的，对徐志摩研究有很大兴趣，能不能谈谈你的看法？

陈：今年夏天，我到徐志摩的"精神故乡"——英国剑桥去小住了一个月，天天走过徐志摩就读的皇家学院，经常遥想他在景色秀美、人文浓郁的剑桥度过的日日夜夜。在伦敦大学亚非学院图书馆善本室里意外地查到一九二八年七月新月书店初版的《卞昆冈》，毛边本，江小鹣做封面并插图，而且书品完好。我摩挲良久，不禁想到，随着电视连续剧《人间四月天》的上映，徐志摩的诗文在今年重新"复活"，他与陆小曼合作的《爱眉小扎》已经脍炙人口，惟独他俩合作的这部《卞昆冈》，却一直无人问津，似乎已经被遗忘了。这不能不说是件憾事。现在，话剧界的有心人把它搬上舞台，终于填补了徐志摩作品流布的一个空白，也完成了徐志摩未了的一个心愿，很令人高兴。

问：不过，我有一个疑问，《卞昆冈》真的是徐志摩与陆小曼合作的吗？我以前只知道陆小曼会跳舞、会演戏、会绘画，不知道她还能写剧本。

陈：这个问题很有意思，可以详细谈谈。《卞昆冈》最初连载于《新月》一九二八年四月第二期和五月第三期，从剧本结尾所署"四月二十三日"的写作时间推断，徐、陆合作《卞昆冈》的时间应为同年三月至四月。当时，徐志摩与陆小曼新婚燕尔，又创办了《新月》月刊，正雄心勃勃地在文学上再出发，《卞昆冈》可以说是他与陆小曼爱情的结晶，又可看作他在文学创作上的新尝试，因为他一直"对于话剧是有无穷的愿望的"，《卞昆冈》却是他的话剧"处女作"，也是他在话剧创作上的唯一尝试。

徐志摩的好友、新月派戏剧大师余上沅很推崇《卞昆冈》。他在《卞昆冈》单行本序中说："我看见过原稿，那是大部分徐志摩执笔的"，"志摩根本上是个诗人，这也是在《卞昆冈》里处处流露出来的"。同时，"他的内助在故事及对话上的贡献，那是我个人知道的。志摩的北京话不能完全脱去硖石土腔，有时他自己也不否认；《卞昆冈》的对话之所以如此动人逼真，那不含糊的是小曼的贡献——尤其是剧中女人说的话。故事的大纲也是小曼的"。余上沅的话无疑是可信的。所以，可以这样说，《卞昆冈》是徐志摩与陆小曼亲密合作的产物，由徐志摩最后执笔定稿。

有必要补充的是，据一九二八年八月《新月》第一卷第六号所刊《卞昆冈》出版广告可知，《卞昆冈》单行本是"著者又细心修改过的，与初出世时很有不同，我们处处看得出修改的进步。"不仅如此，"徐志摩先生自己又给写了一篇跋，他们是请读者到'后台'去参观了。"奇怪的是，这篇跋并未在《卞昆冈》单行本中印出，失传了，十分可惜。到底徐志摩会在跋中说些什么呢，也许他想披露他与陆小曼合作此剧更多有趣的细节？

问：陆小曼真的有文学资格与徐志摩合写剧本吗？

陈：其实，陆小曼是很有文学才华的，这从《爱眉小扎》里缠绵悱恻的《小曼日记》可以看出来，也从她二十世纪四十年代所写的构思精巧的小说《皇后饭店》可以看出来，《卞昆冈》是又一个有力的证明。徐志摩曾希望她在话剧创作上更有所作为，他在《卞

《卞昆冈》，剧本，徐志摩、陆小曼著，一九二八年七月
新月书店初版毛边本。

昆冈》完成后不久的一九二八年六月十七日给陆小曼
的信中说过："这夏天我真想你能写一两短剧试试，有
什么结构想到的就写信给我，我可以帮你想想。"可惜
陆小曼后来没有动笔，否则，中国现代话剧史上将出
现一位新的女戏剧家也说不定。

　　问：据说《卞昆冈》发表七十多年来，这次是首
次搬上舞台，是真的吗？

陈：实际情形是，《卞昆冈》单行本出版之前，中国戏剧社就在上海排练此剧，请余上沅导演。这在徐志摩一九二八年五月日记和七月旅欧途中给陆小曼的信中都有记载。但不知什么原因，中国戏剧社最终未能正式上演《卞昆冈》。一九三〇年七月，上海虹口艺社演剧部也排练过《卞昆冈》，但似也未上演。还有，徐志摩飞机失事后，当时提倡爱美戏剧的北平小剧院的熊佛西、余上沅等人为了纪念，再次排演《卞昆冈》，似亦未成功。

倒是二十世纪三十年代上海龙马影片公司成功地把《卞昆冈》搬上银幕。姜德明先生还珍藏着影片公演时的说明书呢，他认为，电影基本忠实于原著，是我国早期电影改编文学原著的一个实例。

尽管如此，这次《卞昆冈》搬上舞台，千真万确是第一次，意义自然非同一般。

问：我们围绕着《卞昆冈》已谈了许多，你还没对剧本身发表意见，可以再谈谈吗？

陈：对《卞昆冈》的剧情，对《卞昆冈》的话剧艺术，我想还是留待观众自己去观看、去体验、去思索为好。大可见仁见智，各抒己见。我只想指出一点，这是诗人徐志摩和陆小曼写的一出人性悲剧。全剧笼罩着一种忧郁、悱恻和神秘的色调，从某种意义上讲已接近诗剧。剧中许多对话充满诗情，徐志摩那首著名的诗《偶然》亦在剧中被引用，可见他对此诗的偏爱。这一切，就请广大观众去慢慢欣赏吧。

（原载二〇〇〇年十月十二日《上海壹周》创刊号）

徐志摩的全集

徐志摩大概是出版全集最多的中国现代作家，全集种数已经超过了鲁迅（至二〇〇五年止，《鲁迅全集》才出版了四种）。一九六九年也即他飞机罹难三十八年之后，第一种《徐志摩全集》由台北商务印书馆出版，共六卷，其好友梁实秋主编，并得到了其前妻张幼仪的支持。

十四年之后，新的《徐志摩全集》由香港商务印书馆印行，共五卷。其实这是最早编竣的《徐志摩全集》，由其夫人陆小曼主其事。遗憾的是，全集清样打出后迟迟未能付梓，后清样和纸型交还陆小曼。陆小曼一九六五年逝世前将其托付《徐志摩年谱》编撰者陈从周，陈从周将它们捐赠北京图书馆得以保存，改革开放之后才由香港商务印书馆印就。一九八八年起，香港商务印书馆又出版了吴宏聪、胡从经编订的《徐志摩全集》增订版四卷。此版《徐志摩全集》又有内地上海书店引进版。

第三种《徐志摩全集》由赵遐秋、曾庆瑞、潘百生合编，共五卷，一九九一年广西民族出版社出版。

第四种《徐志摩全集》由《徐志摩传》作者韩石山编订，二〇〇三年天津人民出版社出版，共八卷。

最新一种《徐志摩全集》由长期从事徐志摩作品搜集整理工作的顾永棣编订，二〇一五年浙江人民出版社出版，共六卷。

每种新出的徐志摩全集均对前编有所增补，韩编和顾编全集是迄今为止搜集最为齐全的《徐志摩全集》。改革开放以来陆续发现的许多徐志摩集外诗文，尤其是历经战火得以奇迹般幸存的徐志摩早期日记《府中日记》《留美日记》，均已编入，从而为更为全面地研究和评价徐志摩，提供了新的可能。

然而，虽然徐志摩只有短短二十余年文字生涯，他的著译却十分丰富。在上述五种《徐志摩全集》相继问世前后，还有不少徐志摩集外诗文尽管已经发现，却由于各种原因，至今未能编入全集。其中，包括原名徐章垿的徐志摩最早以徐志摩笔名在他就读的上海沪江大学校刊《天籁报》发表的文言文《祀孔记盛》《记骆何堃全谊事》等，以及仍用徐章垿本名发表的文言文《渔樵问答》《论臧穀亡羊事》《说发篇一》《贪夫殉财烈士殉名论》等，时在一九一六年；包括他在《政治学报》第一卷第二期发表的长文《社会主义之沿革及其影响》和书评《乐土康庄》《自由国家之社会》，时在一九二〇年；还包括他致刘海粟、江绍原、丁文江和《致〈罗宾汉〉主撰》等佚简，时在一九二五至一九二九年间。我考定的徐志摩一九二三年五月十八日在北京《晨报》第六版发表的欢迎奥地利小提琴家克赖斯勒的《为什么不？》，也未能编入。

按照《鲁迅全集》编辑体例，不仅书信、日记应该编入全集，题词之类也应编入全集。那么，徐志摩的题词也应编入他的全集而未编入。且举一例。徐志摩印行他的第一本诗集《志摩的诗》，交中华书局代售。此书线装，以至出版后引起新文学界一场争论，姑且按下不表。

有意思的是，此书题词页印有"献给爸爸"四字。现藏于上海图书馆的一册此书题词页反面，又有徐志摩的毛笔题词：

幼仪，这小集，是我这几年飘泊生涯的一帖子果实，怕还没有熟透，小心损齿！

志摩　九月上海

这段题词可题为《题〈志摩的诗〉赠张幼仪》。当时徐志摩与张幼仪早已离异，但这段题词何等生动有趣，徐志摩的天真坦率充溢字里行间，全集如不收这样的文字，岂不可惜？由此可见，编纂一部收录更为完备的徐志摩全集仍任重道远。

（原载二〇一六年八月二十一日香港《明报·世纪》）

《新文学名著重读·想飞》楔子

一九三一年十一月十九日，徐志摩在济南北大山附近飞机失事，驾鹤西去。噩耗传出，全国文坛为之震惊。徐志摩的门生故旧，更是同声哀悼。在众多情悲意切的纪念文字中，梁实秋写的《谈志摩的散文》（刊于一九三二年《新月》第四卷第一期）引人注目，因为此文是迄今所知对徐志摩散文最早的系统评论。

即便是在当时，也已经谁都知道，徐志摩是中国新诗坛继郭沫若之后开创一代诗风的"新月派"的中坚诗人，但梁实秋却认为"志摩的散文在他的诗以上"。对徐志摩散文的"妙处"，梁实秋在文中有生动的描述和精到的分析：

志摩的散文，无论写的是什么题目，永远的保持一个亲热的态度。我实在找不出比"亲热的"更好的形容词。他的散文不是板起面孔来写的。——他这人根本就很少有板面孔的时候。他的散文里充满了同情和幽默。他的散文没有教训的气味，没有演讲的气味，而是像和知心的朋友谈话。无论谁，只要一读志摩的文章，就不知不觉的非站在他的朋友的地位上不可。志摩提起笔来，毫不矜持，把他心里的话真掏出来说，把他的读者当做顶亲近的人。他不怕得罪读者，他不怕说寒伧话，他不避免土话，他也不避免说大话，他更尽量的讲笑话，总之，他写起文章来真是痛快淋漓，使得读者开不得口，只有点头只有微笑只有倾服的份儿！他在文章里永远不忘记他的读者，他一面说着话，一面和你指点和你商量，真跟好朋友谈话一样，读志摩的文章的人，非成为他的朋友不可。他的散文有这样的魔力！

无独有偶。周作人在差不多同时所作的《志摩纪念》（刊于一九三二年《新月》第四卷第一期）中也有一节专门讨论徐志摩的散文，从文学史的角度给予相当高的评价：

中国散文中现有几派，适之仲甫一派的文章清新明白，长于说理讲学，好像西瓜之有口皆甜，平伯废名一派涩如青果，志摩可以与冰心女士归在一派，仿佛是鸭儿梨的样子，流丽轻脆，在白话的基础上加入古文方言欧化种种成分，使引车卖浆之徒的话进而成一种富有表现力的文章，这就是单从文体变迁上讲也是很大的一个贡献了。

四年之后，阿英编选《现代十六家小品》（一九三五年三月上海光明书局版），徐志摩自在必选之列，而且阿英在《序记》中对徐志摩的散文小品同样十分推崇：

（徐志摩的散文小品）第一，是充满着丰富的想象；作为诗人的徐志摩，在想象力方面，本是特殊强的，这一样的反映在小品文方面，那些作品，大都是"流丽轻脆"，到处都反映了他的想象之流，如一双银翅在任何地方闪烁。第二，是那勇敢的探索光明的热情。徐志摩，对于现状是不满的，他的心，什么时候都渴望着光明，在小品文方面一样的显示着。第三，可以说到文字了。志摩的文字，前面已经说过，是一种新的文体，组织繁复；词藻富丽。周作人说他可以

《秋》，赵家璧编，一九三一年十一月二十七日良友图书
印刷公司初版，为徐志摩逝世后出版的第一本遗作集。

和冰心合起来成一派，我的意思，二者是不同的，徐
志摩应作为一个独立的体系论。

　　周作人、梁实秋、阿英三位，一是语丝派的精神
领袖，一是新月派的代表人物，一是左翼文学的重要
批评家。他们思想立场不同，文学主张也各异，但对
徐志摩的散文却异口同声，一致叫好（虽然具体观点

有时也会相左，如阿英之于周作人），这是很值得注意的文学史现象。

正如周作人、梁实秋、阿英三家所指出的，徐志摩的散文在二十世纪中国文学史上是独树一帜的，与他的新诗一起形成"双峰并峙"的局面。简言之，情感的真挚，态度的亲和，题材的宽广，表达的无拘无束，文字的艳丽纷繁，像诗一样"浓得化不开"，构成了徐志摩散文的显著特色。无论是长篇（如《巴黎的鳞爪》和《秋》）还是短制（如《一个诗人》），莫不如此。至于《我所知道的康桥》《翡冷翠山居闲话》《泰山日出》《自剖》《想飞》《曼殊斐儿》等篇，则早已成为脍炙人口的中国现代散文的"经典"了。

徐志摩散文选本众多，这部《想飞》是最新的一种。选本端赖选家的眼光。这部《想飞》是否较好地展现了徐志摩各个时期文采斐然的散文佳作，就有待读者诸君检验认可了。

（原载二〇〇三年六月上海社会科学院出版社初版《想飞》）

二
二

徐志摩墨迹的搜集、整理和研究

——《徐志摩墨迹》增补本序

一九三七年十一月，徐志摩的中学同窗、好友郁达夫写了一篇题为《手民之误》的小文，文中说：

我所见到的原稿，写得最整齐的，是已故蒋光赤（慈）的稿子，其次是鲁迅的，其次是张资平的。光赤的可以不必说，鲁迅与张资平的原稿，不管是改得如何多，但总读得很清楚，郭沫若的原稿，也还可以看得清，但有几个字体（草字）却很畸形。原稿之最看不清的，是田汉初期的作品……①

---

① 郁达夫：《手民之误》，福州《小民报·救亡文艺》，一九三七年十一月二十日。转引自《郁达夫全集》第七卷（杂文），杭州：浙江文艺出版社，一九九二年，第三一一页。

《手民之误》主要讨论文学作品发表时的校对问题，但上述这段话已涉及了新文学作家的手稿，是在比较鲁迅、郭沫若、田汉等的手稿端正与否。可惜，由于郁达夫在主编《创造》《创造月刊》《大众文艺》等新文学名刊时并未经手发表徐志摩的作品，他没有写到徐志摩的手稿。

徐志摩虽然三十五岁就英年早逝，但以他在中国新诗坛举足轻重的地位和影响，在他生前，就已经有手稿公开发表了。而且，他很可能还是第一位公开发表手稿的新文学作家。一九二七年九月，徐志摩的第二部新诗集《翡冷翠的一夜》由上海新月书店出版，印在正文之前作为代序的徐志摩一九二七年八月二十三日致陆小曼函，就是他的楷书手稿，别具一格。这是徐志摩全文手稿的首次面世，比周作人为废名短篇小说集《桃园》再版本所作《跋》手稿 [①] 面世还早了一年又一月，比鲁迅为川岛校订《游仙窟》初版本

[①] 废名短篇小说集《桃园》一九二八年二月北京古城书社初版时，并无周作人《跋》。同年十月由上海开明书店再版时，书末新增周作人《跋》，且是全文手稿制版，这大概也是周作人手稿首次全文面世。

所作《序言》手稿①面世则早了一年又五个月。

徐志摩逝世以后，他的手稿与手迹的整理和公布进入了一个新阶段。在徐志摩逝世当月就出版的最早的徐志摩遗文集《秋：徐志摩遗作》中，徐志摩学生也是该书编者的赵家璧率先发表了徐志摩一九三一年六月三十日致其信札"遗墨"。②此后，徐志摩手稿与手迹偶有披露，如一九四九年二月出版的《作家书简》"真迹影印本"中，就刊出了徐志摩致赵景深毛笔信札一通手迹。③

当然，一九四九年以前出版的影响最大也最值得称道的徐志摩手稿集，莫过于一九三六年四月上海良友图书公司印行的线装《爱眉小扎》"真迹手写本"。虽然此书只印了一百部，虽然此书排印本同年三月已先由良友图书公司推出，但首次公开徐志摩《爱眉小扎》全书手写"真迹"，不仅能使读者较有系统地亲炙

---

① 川岛校订《游仙窟》一九二九年二月上海北新书局初版，书前有鲁迅的《序言》，也是全文手稿制版，这大概也是鲁迅手稿首次全文面世。《序言》手稿落款时间为"中华民国十六年七月七日"，但发表时间仍晚于徐志摩的《翡冷翠的一夜》代序。

② 《志摩遗墨》，赵家璧编：《秋：徐志摩遗作》，上海：良友图书印刷出版公司，一九三一年，第六至十页。

③ 参见平衡编：《作家书简》（真迹影印本），上海：万象图书馆，一九四九年，第三十一至三十二页。此信内容系徐志摩向赵景深推荐寒先艾的一部新诗集书稿，落款未署具体时间，约为一九二八、一九二九年间。《徐志摩墨迹》增补本首次收入。

徐志摩的手稿书法，正如书话家唐弢在评论此书时所指出的："志摩文章手迹，一如其人，热情奔放中别有秀丽之气"，[①] 同时也为研究者探讨这部著名的爱情日记打开了一个新的阐释空间。

一九四九年以后，在一个不算短的历史时段里，大陆的徐志摩研究乏善可陈，徐志摩手稿的搜集和整理也无法提上议事日程。但是，在海峡彼岸，有件徐志摩作品出版史上的大事不能不提。一九六九年台北传记文学出版社出版了蒋复璁、梁实秋合编的六卷本《徐志摩全集》。这不仅是徐志摩逝世后出版的首部作品全集，而且其引人注目的亮点就是披露了大量徐志摩早期手稿。该全集第一卷第四、五部分分别是徐志摩的"墨迹函扎"和"未刊稿"，公布了徐志摩致张幼仪、周作人、梁实秋、傅斯年和胡适等的信札共十通手迹，公布了徐志摩新诗《夏日田野即景》《夜半松风》《古怪的世界（沪杭道中）》《她是睡着了》《一星的弱火》《我有一个恋爱》《无儿》（以上徐志摩生前已发表，但手稿与发表稿均有不同程度的出入）和《草上的露珠儿》《悲观》（以上未刊稿）手稿，还公布了

① 唐弢：《徐志摩手迹》，《唐弢文集》第五卷，北京：社会科学文献出版社，一九九五年，第七五四页。

徐志摩译拜伦、济慈、华兹华斯、柯勒律治、白朗宁夫人、史温朋、哈代、泰戈尔等外国著名诗人作品手稿多首，以及徐志摩著译残稿若干。[①] 如此大规模地整理公布徐志摩的创作和翻译手稿，其意义不容低估，徐志摩好友梁实秋就在《〈徐志摩全集〉编辑经过》中指出：这些徐志摩"未刊稿是（徐）积锴先生珍藏的手稿，无论其中有无曾经刊布均有保存价值"。[②] 这也为编集更为完备的徐志摩手稿集打下了基础。

　　直到大陆改革开放，徐志摩研究才突破禁区，开始走上正轨，徐志摩的选集、文集和全集不断编订出版。[③] 随着徐志摩重返文学史，其不容忽视的新诗人地位得到论证和确立，他的诗文、日记和书信等手稿与手迹的搜集和研究也日益显示了其重要性，收获不断。举其大端，徐志摩一九一一年二至六月《府中日

① 参见蒋复璁、梁实秋编：《徐志摩全集》重印本第一卷，北京：中央编译出版社，二〇一三年，墨迹函扎和未刊部分，第二至二一四页。
② 梁实秋：《〈徐志摩全集〉编辑经过》，《徐志摩全集》重印本第一卷，第四页。
③ 改革开放以后，大陆先后出版了上海书店出版社一九八八年一月、一九九五年八月据商务印书馆香港分馆一九八三年、一九九三年初版本影印的《徐志摩全集》（陆小曼和赵家璧编、吴宏聪和胡从经编）、广西人民出版社一九九一年七月版《徐志摩全集》（赵遐秋、曾庆瑞、潘百生编）、天津人民出版社二〇〇五年五月版《徐志摩全集》（韩石山编）、中央编译出版社二〇一三年三月据台北传记文学出版社一九六九年初版重印的《徐志摩全集》（蒋复璁、梁实秋编）和浙江人民出版社二〇一五年一月版《徐志摩全集》（顾永棣编）。

记》和一九一九年一至十二月《留美日记》两册手稿奇迹般地失而复得、[①] 徐志摩一九二一年留英时赠送英国学者、作家狄更生（G.L.Dickinson）康熙五十六年木刻本《唐诗别裁》所题旧体诗和题词手迹出土，[②] 以及留存泰戈尔秘书恩厚之（L.K.Elmhirst）处的徐志摩一九二四年致林徽因函手迹在台湾公布等，[③] 都是令人欣喜的重要发现。

大陆整理徐志摩手稿与手迹集大成的标志性成果，到了二〇〇四年终于出现，那就是由吴德健、虞坤林先生主编、浙江西泠印社印行的《徐志摩墨迹》。这部墨迹集共分《府中日记》《留美日记》《爱眉小扎》和书信、文稿（含新旧体诗、散文和译稿）五大辑，凡当时已经发现的徐志摩手稿与手迹，绝大部分已经编入。显而易见，此书的问世，在徐志摩作品出版史上开辟了新径，也为徐志摩手稿研究提供了必要的保证。时光飞驰，从那时至今已经一十四年过去了，徐志摩手稿与手迹又有不少令人欣喜甚至可以说是十分珍贵

---

① 参见虞坤林整理：《徐志摩未刊日记》，北京：北京图书馆出版社，二〇〇三年。

② 参见陈子善：《徐志摩佚诗与狄更生》，《发现的愉悦》，武汉：湖北人民出版社，二〇〇四年，第十七至二十二页。

③ 参见梁锡华：《徐志摩新传》，台北：联经出版公司，一九七九年，插图第十三页。

的新发现。因此，浙江古籍出版社再次推出《徐志摩墨迹》增补本，也就水到渠成，理所当然了。《徐志摩墨迹》增补本对《爱眉小扎》、书信和文稿三辑均有增补充实，还新设题字一辑，以更完整地反映现存徐志摩手稿与手迹全貌。

手稿研究历来被视为文学研究不可缺少的重要组成部分，名目繁多的西方文学理论中因此有"文本发生学"一说，强调通过手稿的校勘和释读更新对文本的认识。法国学者德比亚齐认为"文本发生学主要是对作家手稿进行分析，整理和辨读，需要时予以出版，发生校勘学主要是对这一分析的结果作出解释"。[1] 英国学者拉曼·塞尔登也认为："版本目录学考察一个文本从手稿到成书的演化过程，从而探寻种种事实证据，了解作者创作意图、审核形式、创作中的合作与修订等问题。从二十世纪八十年代出现的这种考索程序一般被称作发生学研究。"[2] 对徐志摩的文学创作，不妨也作如是观，且举《徐志摩墨迹》增补本新收入的《雪花的快乐》和《你去》两首新诗手稿略作讨论。

---

[1] ［法］德比亚齐：《文本发生学》，汪秀华译，天津：天津人民出版社，二〇〇五年，第一至二页。
[2] ［英］拉曼·塞尔登等：《当代文学理论导读》，刘象愚译，北京：北京大学出版社，二〇〇六年，第三三二页。

《志摩的诗》，新诗集，一九三三年二月新月书店重印
第六版，可见徐志摩的新诗当时颇受欢迎。

　　《雪花的快乐》是徐志摩的前期代表作，初刊
一九二五年一月七日北京《现代评论》第一卷第六期，
先收入一九二五年作者自印线装本《志摩的诗》，被
朱湘誉为《志摩的诗》"全本诗中最完美的一首诗"，①

———————————

①　朱湘：《评徐君〈志摩的诗〉》，《小说月报》一九二六年一月
第十七卷第一号。

后再收入一九二八年八月上海新月书店初版铅印《志摩的诗》删节本。此诗手稿毛笔竖行书写两页，字迹工整，系近年从日本回流，[①] 想必是徐志摩当时书赠某位日本友人。将手稿与初刊、线装本和铅印初版本相对照，就有有趣的发现。此诗初刊时诗末有"十二月三十日雪夜"，手稿和线装本、铅印本均无这句落款。然而这句落款其实至关重要，它清楚地显示了《雪花的快乐》的写作语境，即作于一九二四年十二月三十日"雪夜"。那晚，大雪纷飞，徐志摩对雪生情，才写下了这首以雪花为寄托的优美的《雪花的快乐》。再看此诗第四节也即最后一节第一句，初刊作"那时我凭藉我的轻盈"，手稿、线装本和铅印本均改作"身轻"；而这一节第三句开头，初刊作"凝凝的"，线装本也作"凝凝的"，但手稿已改为"盈盈的"，铅印本也作"盈盈的"了。由此可以作出如下判断：这份《雪花的快乐》手稿并非原始手稿，应该是线装本出版后，徐志摩应某位日本友人之请重书的，所以没有了落款，又把"凝凝的"改成了"盈盈的"。或许也可进一步推测，这份手稿当书于一九二五年线装本出版之后，一九二八年铅印本出版之前。尽管如此，这份手稿能

---

① 徐志摩《雪花的快乐》诗稿现由上海收藏家王金声先生珍藏。

够重见天日，仍然弥足珍贵。

《你去》是徐志摩后期的力作，初刊一九三一年十月五日上海《诗刊》第三期，收入徐志摩罹难后出版的第一本新诗集《云游》，一九三二年七月上海新月书店初版。据现存徐志摩一九三一年七月七日致林徽因信中透露，此诗作于一九三一年七月七日，"哲学家"（指金岳霖）读了之后，说了一句"It is one of your very best"，[①] 即认为这首《你去》是徐志摩最好的诗之一。信末附录了《你去》毛笔手稿，[②] 目的是"抄了去请教女诗人，敬求指正"，[③] 或许还有弦外之音也未可知。值得庆幸的是，这封信和《你去》手稿都被林徽因保存下来了，这份手稿也就很可能是留存下来的徐志摩最后一首新诗手稿。将《你去》手稿与初刊（《云游》所收据《诗刊》初刊本）比较，又有不少有趣的发现。首先，仍然是手稿有落款"七月七日"，但初刊删去。其次，比对手稿与初刊，除去标点多处不同，字词也有不少出入，手稿中的"那株树""有乱

---

① 徐志摩：《致林徽因》（一九三一年七月七日），《林徽因集：小说、戏剧、翻译、书信》，北京：人民文学出版社，二〇一四年，第二八六至二八七页。
② 同上书，第二八八至二九〇页。
③ 同上书，第二八七页。

《梦家诗集》，一九三一年一月上海新月书店初版。

石""在守候""等你走远了""大步的向前"和"但
求风动"等字句，初刊时分别改为"那棵树""有石
块""在期待""等你走远""大步向前"和"但须风
动"。这份《你去》手稿极有可能是初稿，徐志摩把初
稿送请林徽因批评后，在《诗刊》正式发表前作了字
斟句酌的修改。因此，《你去》手稿与初刊《你去》之
间存在的这些差异，虽然只是字词和标点的改动，毕
竟为研读这首徐志摩的名诗提供了新的张力，同样极
为难得。

徐志摩的手稿对深入研究他的诗文所具有的价值无可替代，即便他的题字手迹，片言只字，对研究他的生平、交游和私谊也不是可有可无。增补本中新收入的徐志摩把《经济自由》（哈罗德·考克斯著）一书赠送友人蒋廷黻时的题词、[①] 把《志摩的诗》线装本送给前妻张幼仪时的题词、[②] 把《猛虎集》送给法国友人魏智（Henri Vetch）时的题字、[③] 他一九二九年三月为新加坡《叻报》副刊《晨星》题写的刊名，以及他为胡适《庐山游记》和一九三一年一月上海新月书店初版《梦家诗集》题写的书名（很可能是徐志摩为他人著作题写的仅有的两个书名）[④] 等，都是我们以前所完全不知道的，也都是徐志摩年谱必须补充的。

　　毋庸讳言，与鲁迅、郭沫若、茅盾等几乎同时代

---

① 徐志摩在赠送蒋廷黻的哈罗德·考克斯（Harold Cox）著《经济自由》（Economic Liberty，一九二〇年出版）一书上的题词手迹刊于二〇一七年五月济南《聚雅》特刊"鲁迅朋友圈"，题词如下："此计学放任主义之余响，甚矣，其衰也，彊弩之末，不可以穿鲁缟。其作奉　廷黻兄　志摩　九年冬　伦敦"。

② 徐志摩题赠张幼仪的线装本《志摩的诗》藏于上海图书馆，题词如下："幼仪，这小作，是我这几年漂泊生涯的一帖子果实，怕没有熟透，小心损齿！志摩　九月上海"，参见二〇一五年十月浙江古籍出版社初版线装《志摩的诗》影印本题词页。

③ 参见陈子善：《徐志摩：〈猛虎集〉》，《签名本丛考》，北京：海豚出版社，二〇一七年，第二十七至二十五页。

④ 徐志摩为胡适《庐山游记》所题书名："庐山游记　志摩署"，但不知何故，后似未刊用；为陈梦家《梦家诗集》初版本所题书名："梦家诗集　志摩署"。

的现代作家相比，徐志摩手稿的保存、整理、刊行和研究大大滞后。这固然因为徐志摩过早离世，手稿和手迹存世量甚少；更因为不断的战乱和政治运动，造成徐志摩这个名字被打入另册，他的作品被禁止传播所致。因此，这部新的《徐志摩遗墨》增补本能够编成，要感谢海内外徐志摩手稿爱好者、收藏者和研究者长期以来的共同努力，其中包括必须提到的张幼仪、陆小曼、陈从周等诸位前辈。

徐志摩是不幸的，他一定还有很多很多诗要写，却那么早就结束了生命；徐志摩又是幸运的，他在二十世纪中国文学史上留下了不可磨灭的印记，他的优秀诗文已为好几代国人所传诵，并已远播海外。见字如面，《徐志摩墨迹》增补本的出版，使海内外徐志摩爱好者有了一次新的走近徐志摩、缅怀其文采风流的机会，也为海内外徐志摩研究者从手稿的角度推进徐志摩研究提供了新的契机，因而是徐志摩研究史乃至中国现代文学研究史上的一件大事，值得向同行推介。

（原载二〇一八年五月北京《新文学史料》总一五九期）

徐志摩佚诗与狄更生

赠狄更生

举世扰扰众人醉，先生独似青人雪；

高山雪，青且洁，我来西欧熟无睹，

惟见君家心神折。

嗟嗟中华古文明，时埃垢积光焰绝，

安得热心赤血老复童，照耀寰宇使君悦！

——西游得识狄更生先生，每自欣慰，草成芜句，聊志鸿泥。

徐志摩　十年十一月剑桥

这首诗用毛笔题写于徐志摩奉赠狄更生的康熙五十六年（一七一七）木刻本《唐诗别裁》第一册封

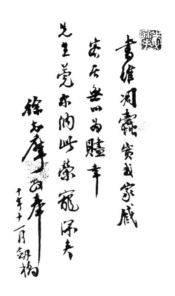

徐志摩一九二一年赠英国狄更生木刻本《唐诗别裁》上的题词

面里页，原诗无题，标题为笔者所加。在同一页封里
上面，还有徐志摩的另一段题词，也照录如下：

　　书虽凋蠹，实我家藏，客居无以为贶，幸先生莞
尔纳此，荣宠深矣！

　　　　　　　　　　徐志摩敬奉　　十年十一月剑桥

　　凡看过电视连续剧《人间四月天》的观众，大概

不会忘记这个动人的镜头：徐志摩为追求林徽因，毅然中断在英国剑桥大学皇家学院的研究生学业，提前回国。他向狄更生教授辞行时，狄更生不但没有责怪，反而予以鼓励。尽管后来的结果不像狄更生所祝愿的那样美满，但狄更生对沉浸在爱河中的年轻人的宽容和理解，十分难得。当然，这个情节只是电视剧编导的虚构，却在本质上符合徐志摩与狄更生亲密交往的历史真实。

众所周知，若要研究二十世纪中外作家交往史，不能不提徐志摩；若要研究徐志摩，更不能不提他与哈代、罗素、泰戈尔等世界文坛巨擘的友谊，即使与英国女作家曼殊菲尔德一次短暂的会面，也触发了徐志摩多少诗的灵感。长期以来，这一切已为中外论者所津津乐道。遗憾的是，狄更生却被有意无意地忽略了。

狄更生（G.L. Dickinson，一八六二至一九三二）是政治学家，以《法国革命与反动》《十九世纪议会制的发展》等著作开拓了现代政治科学，是二十世纪初英国知识界教育界的领袖人物。他曾长期在剑桥皇家学院主讲政治学和国际关系，时任伦敦政治经济学院教授。同时也是一位颇具特色的作家。据小说家福斯特描述，狄更生"慷慨无私、聪敏、风趣、动人，满有振奋人心的活力"，"他所关心的是爱和真，他所希望的是人心向善"。特别难能可贵的是狄更生不存种族文化偏见，热爱东方和中国文化，访问过中国，著有《约翰中国佬来信》《论印度、中国、日本文明》等书，以中国思想的智慧，针砭西方的野蛮，前者还强烈抗议西方列强在"庚子事变"中对中国的贪婪掠夺。因此，当聪慧好学、热情如火的徐志摩一九二一年初经林长民介绍结识狄更生之后，两人立刻一见如故，经常喝茶聊天，畅谈文学，成为忘年交。是狄更生，推荐徐志摩成为剑桥大学皇家学院可以随意选课的特别生；是狄更生，引导徐志摩领略"康桥"（即剑桥）的人文和自然之美，从而对他以后的生活和创作产生极为重要的影响。用徐志摩自己的话说，由于狄更生的精心安排，"我才有机会接近真正的康桥生活，同时我慢慢的'发现'了康桥，我不曾知道过更大的愉快"。也是狄更生，在徐志摩后来与陆小曼热恋引起北京社会非议而不得不远走英伦时，扮演徐、陆二人传信使的角色。对徐志摩而言，狄更生亦师亦友，在学业和个人情感生活上都得到过狄更生的真诚帮助，难怪他要把狄更生视作英国的梁启超。

经狄更生介绍，徐志摩当时还认识了英国颇负盛名的艺术评论家、画家傅来义（Roger Fry，一八六六至一九三四），并成为终生朋友。徐志摩请傅来义画了一幅狄更生油画肖像携回中国，以示钦敬孺慕之情。他回国后在向大学生讲解近代英文文学时，特别举出狄更生的《约翰中国佬来信》，称誉此书"文字的美，得未曾有，一字不多，一字不少，好像涧水活流一样"。他还在一九二二年八月七日致傅来义的信中满怀深情地说："将来有一天我会回念这一段时光，并会忆想到自己有幸结交了像狄更生先生和您这样伟大的人物，也接受了启迪性的影响；那时候，我不知道自己是否会动情下泪。"

非常可惜的是，徐志摩与狄更生的大量通信无论在英国还是在中国均未能保存下来。值得宽慰的是，徐志摩送给狄更生的这部较为名贵的象征中华文化精华的《唐诗别裁》和书上的题诗、题词幸存于世。诗是徐志摩结识狄更生不久所写，热情洋溢，意味深长，从中可以清楚地感受到青年徐志摩对儒雅睿智的狄更生的敬爱，对祖国优秀文化的怀恋，和促进中华文明重放光彩的抱负。必须指出，以往论者一直认为疑作于一九二一年十一月二十三日的《草上的露珠儿》一诗是徐志摩的诗歌处女作，这首《赠狄更生》的发掘，使徐志摩诗歌处女作的位置不得不加以更换。《赠狄更生》虽然不是白话诗，但对考察徐志摩诗歌创作是如何起步的仍大有裨益。迄今各种版本的徐志摩诗集、全集均未收录这首题诗，希望今后新出的徐志摩全集能够补入，以志徐志摩与狄更生这段感人的异国师生缘。

（原载二〇〇〇年四月七日上海《文汇报·笔会》）

徐志摩佚诗与佚简重光

一

新月派大诗人徐志摩的诗作,近年来经海峡两岸和香港文学研究界共同努力,已经出版了三种较为权威的本子,即蒋复璁、梁实秋编,台北传记文学出版社版《徐志摩全集》;陆小曼、赵家璧编,香港商务印书馆版《徐志摩全集》;顾永棣编,浙江文艺出版社版《徐志摩诗全编》。此外,梁锡华编,台北时报文化出版公司版《徐志摩诗文补遗》也不容忽视。这些诗集中,数顾永棣编的《徐志摩诗全编》搜集最为齐全,考订也最为详尽,全书所收新旧体诗、挽联、古诗今译和外文译诗已达二百八十首。但徐志摩才思敏捷,这个数字显然还不是他诗作的全部。

一九三一年五月间，后来堕落为大汉奸的王克敏忽然附庸风雅，赋《赠适之志摩二君》诗一首，称胡作"文父"，徐作"诗母"，希望他俩紧密合作，重振文坛。胡适于是作《答叔鲁先生》，徐志摩见后也随手写了如下四句：

隐处西楼已半春，绸缪未许有情人。
非关木石无恩意，为恐东厢满醋瓶。

诗中透露他虽也有此意，却又恐引起派系林立的文坛吃醋生事。三人赠答手稿现均存，刊于一九六四年十二月台北商务印书馆初版《胡适之先生诗歌手迹》。只因志摩手稿未署名，不为人注意，所以上述各种诗集均失收。另外，徐志摩在光华大学执教时，某次在教授休息室兴之所至，把《诗经·郑风·出其东门》中的"出其东门，有女如云，虽则如云，匪我心存"四句改译成白话诗：

出东门溜一趟，
遇见了许多标致的女郎！
虽然有那么多标致的女郎，

全不放在我的心上！①

　　也为各种诗集所未录。这两首佚诗都带打油意味，但多少可以看出徐志摩诗作的另一面。

　　不过，笔者拟着重介绍的是最近新发现的另一首志摩佚诗《为的是》。此诗原刊一九三〇年六月上海《金屋月刊》第九、十期合刊，照录如下：

女人：

　　我对你祈祷，

　　我对你礼拜，

　　我对你乞讨，——

　　　　　　为的是……

女人：

　　我为你发痴，

　　我为你颓废，

　　我为你做诗，——

　　　　　　为的是……

---

① 　方亚丹：《徐志摩译〈诗经〉》，上海《大公报·大公园》一九四九年三月二十七日。

74

女人：

　　我拿你咒骂，

　　我拿你凌迟，

　　我拿你践踏，——

　　　　为的是……

　　《金屋月刊》创刊于一九二九年一月，系后期狮吼社机关刊物，由邵洵美、章克标合编。狮吼社是二十年代独树一帜的新文学社团，一九二四年春由留日学生滕固、章克标、方光焘、张水淇、黄中等人发起组成。同年七月创办《狮吼》半月刊，后来又接连出版《新纪元》、《狮吼》月刊、《狮吼》半月刊复活号和《金屋月刊》，还编印同人作品集《屠苏》和"狮吼社丛书"多种，一时声势颇为浩大。狮吼社同人标榜凭良心而结合，"不愿被色彩与旗帜来束缚"，"不属于任何派"，要发出自己的吼声，"示人们以真正的艺术"，"用人的力的极点来表现艺术"。[①] 他们在艺术上有执着的追求，但作品大都带有唯美主义倾向，也是明显

① 《色彩与旗帜》（未署名，实为邵洵美所作），《金屋月刊》一九二九年一月创刊号。

的事实。

邵洵美是一九二七年留欧回国后加入狮吼社的，很快成为后期狮吼社的中坚。徐志摩就是因他的关系开始为狮吼社刊物撰稿。一九二七年五月一日，徐志摩在邵洵美主编的《狮吼》月刊创刊号首次发表新诗《罪与罚》，被认为是该期"最满人意的一首诗"，志摩也因此被看作狮吼社的"客卿"。[①] 后来他又在《金屋月刊》上发表新诗《给小郭》，译诗《在不知名的道旁》，这些作品都已编集，只是《给小郭》收入《猛虎集》时改题《给——》，个别字句也有改动。"小郭"者，徐志摩在光华大学执教时的得意弟子郭子雄是也，也是狮吼社的一位诗人。若有人要查考徐诗的版本源流，这首《给小郭》倒是不可忽略的。

然而，唯独《为的是》例外，一直未能编集。这诗形式较为别致，内容并不怎么出色，大概是一时戏作，在徐诗中实属平平，也许因此而为志摩生前所删汰，今天挖掘出来，无非证明徐志摩这样的大手笔也写过这类诗而已。

---

① 品卿：《评〈狮吼〉》，上海《时事新报·书报春秋》一九二七年六月五日。

二

与徐志摩诗作的搜集成果相比，他的书札的散失程度就十分严重。台湾版全集仅收致胡适、周作人、梁实秋等人函十通；梁锡华编《徐志摩诗文补遗》略多些，收致周作人、郁达夫、王统照、赵景深等人和家属函十五通；他编译的另一本《徐志摩英文书信集》（台北联经出版公司版）收致恩厚之、魏雷、罗素、泰戈尔等外国友人函三十七通；香港版全集数量较为可观，共录存致刘海粟、郭有守、陆小曼等人函一〇五通；而晨光辑注、湖南文艺出版社版《徐志摩书信》可谓集大成，但连残简在内，总共也不过二三四通。① 这是不难理解的。徐志摩的许多书札虽然感情炽烈，文笔优美，属于他那"浓得化不开"的散文之一种，于研究他的生平和思想不可或缺，但因是私人间倾诉情愫，并不打算发表或有某种原因不能公开发表，以致徐志摩坠机身亡后，陆小曼等立即着手征集，就已收效甚微；再加半个世纪的人事沧桑，如今再要寻找委实不易，那只有名的"八宝箱"内的信函和日

---

① 梁实秋《旧笺拾零》(刊一九八四年八月台北皇冠出版社初版《看云集》) 中收有徐志摩一九三一年夏致梁实秋函一通，为晨光辑注《徐志摩书信》所漏收，所以已知徐志摩书简总数应为二三五通。

记不是至今仍未水落石出吗？恐怕成了永远解不开的谜。笔者这次新发现三通志摩佚简，也算是一个可喜的收获。

第一通是写给邵洵美的残简，仅三句，原载一九二八年十一月一日《狮吼》半月刊第九期"金屋谈话"栏中，小标题《徐志摩来信》，先照录如下：

我已见到 George Moore，他叫我代他候候你。此老真可爱！我但愿能将他的有趣的谈话写出来。

徐志摩一九二八年六月中旬出国游览，八月中旬到达英国，小住约月余，然后去法、德等国。邵洵美在摘录发表这封信时已注明，信是志摩在德国寄给他的。信中所说的莫尔（George Augustus Moore）是爱尔兰小说家、诗人、批评家，早期作品深受唯美主义和象征主义影响。邵洵美很推崇莫尔，译有他的小说《和尚的情史》、散文《信》和《我的死了的生活的回忆》等。莫尔当时已届七十六岁高龄，徐志摩拜访他时转达了邵洵美的问候。但不知何故，莫尔老人"有趣的谈话"未见徐志摩写出访问记。这通残简之所以重要，在于它提供了徐志摩访问过莫尔这件鲜为人知的史实。以徐志摩与邵洵美交往之密切，两人来往书札一定甚多，可惜目前只能见到这三句，但愿今后会有新的发现。

另二通佚简都是写给邢鹏举的。前一通手迹载一九三三年三月十日《光华附中》半月刊第六期，照录如下：

云飞我弟：

函稿均到，文章颇见气力，虽未能深入精辟，要亦读书得闲致，不易也。《剧刊》颇成问题，因济南已入老适儿手，剧院能不随省政府教育厅俱去？现在尚无信息，深怕凶多吉少，一件好事业又被摧残，如何！中华尚无回音来，奇极，已迭函催问，想是舒新城不在局之故，俟得复即报，弟处积极看书整理材料可也。沈从文有妹，极慧，拟进光华高中，弟能为设法否？又下学期大学女生如何收法，是否仍如上届之随便，有一介绍函即可？上月只发半薪，长夏茫茫，教匠苦矣。此问

兴居

志摩　七月十日

收信人邢鹏举，号云飞，江苏江阴人，是徐志摩在光华大学执教时的又一名高足，大学毕业后在光华

附中教授西洋史，同时兼编校刊《光华附中》。邢鹏举在光华大学最初学的是历史，徐志摩到光华担任英国文学教授[①]后，他为徐志摩的声名和精彩的讲课所吸引，才转入外国语文系。[②]他在回忆徐志摩时深情地说过，当时他在选择文学还是历史"这个歧路徘徊的时候，这位新诗人终究把我带上了文艺的途径"。[③]徐志摩的确是邢鹏举登上文学殿堂的引路人。邢鹏举翻译的《波特莱尔散文诗》是我国最早的波特莱尔作品译本，正是在徐志摩的指导和帮助下才得以完成的。徐志摩不但慷慨地借给他波特莱尔原著，督促他翻译研究，而且热情地为之作序，想方设法推荐给中华书局出版，正如邢鹏举自己所说的："要不是当初志摩先生一番热烈的鼓励，恐怕我永远不会有这种翻译问世。"[④]他的另一本翻译《何侃新与倪珂兰》（法国中古爱情故事）也是经徐志摩亲自校订并安排在新月书店

---

① 据一九三〇年《光华年刊》刊光华大学教职员名单。
② 据邢鹏举一九二九年秋入学光华大学报名单，藏华东师范大学档案馆。
③ 邢鹏举：《爱俪儿释放了——哭徐师志摩（二）》，《光华附中》一九三三年三月十日第六期。
④ 邢鹏举：《爱俪儿释放了——哭徐师志摩（二）》，《光华附中》一九三三年三月十日第六期。

出版。① 这些动人的史实已久不为人知晓了。

关于这封佚简是很有些可说的。首先，徐志摩称为"颇见气力"的来稿，很可能指邢鹏举的论文《莎士比亚恋爱的面面观》，后来发表于一九三〇年十二月十日《新月》第三卷第三期。其次，"中华尚无回音"，当指徐志摩一九二九年应舒新城之聘兼任中华书局"新文艺丛书"编辑后，拟把邢鹏举的"英国浪漫派八大诗人研究"列入选题。至于"《剧刊》颇成问题"，则与徐志摩友人、话剧教育家赵太侔在济南实施"艺术剧院"计划有关。一九三〇年六月下旬，晋军在中原大战中占领济南，阎锡山下令停办赵太侔主持、隶属于山东省政府教育厅的山东实验剧院。也许赵太侔原先还有除了剧院，再办《剧刊》的打算（徐志摩在京编《晨报副刊》时已与余上沅、赵太侔等办过一个《剧刊》，颇有影响），因此徐志摩估计剧院尚且不保，更何况《剧刊》？后来果然未见诞生。还有介绍沈从文之妹沈岳萌进光华高中，去年三月我曾致函沈老请教，承沈师母张兆和代复，谓此事未成功，沈岳萌改入中国公学旁听。尽管如此，徐志摩对沈从文的照拂

---

① 参见邢鹏举：《译者序言》,《何侃新与倪珂兰》,上海：新月书店,一九三〇年。

仍然可见一斑。因此，综合上述几点推测，此信应写于一九三〇年七月十日。

后一通信为一九三二年十二月十日《光华附中》第五期刊邢鹏举《爱俪儿释放了——哭徐师志摩（一）》所引，也照录如下：

云飞我弟：

得片至慰。此番匆促回南，事前不及通知。今日午后来得不巧，我又因事外出。我已决定明日赴硖，后日夜车到宁。一切容后函谈。弟身体太弱，最好暂时休养。《雪莱》等篇，且等复原后再做不迟。弟事已与萧恩承先生商妥，下年准可有成。《勃莱克》至今未曾出版，甚觉奇怪，有便当向中华催询。

志摩候候　十一月十四日

对这封遗札，邢鹏举有较详细的回忆。一九三一年十一月十四日，邢鹏举因病赴无锡休养，临行前得知徐志摩已由京抵沪，即赴徐志摩寓所求见，不遇（徐志摩正走访刘海粟），留一名片而去。徐志摩回寓见之，即匆匆挥就此信嘱家人转达。此信字里行间充满对邢鹏举的关心。萧恩承是教育学家、心理学家，时在北大执教，信中通知邢鹏举，介绍他到北京工作，经与萧恩承商定，"下年准可有成"。《勃莱克》一书是邢鹏举"英国浪漫派八大诗人研究"之一，徐志摩为此书的编写及出版同样倾注了很多心血，但书迟至次年四月方始由中华书局印出，其时徐志摩墓草已茂，不及亲见了。

徐志摩十一月十五日回家乡硖石，十八日抵宁，十九日搭乘邮政飞机返京，不幸失事罹难。而邢鹏举在惊闻噩耗赶回上海参加徐志摩追悼会之后，才从徐志摩家人处取回此信。恩师墨迹犹新，人却已乘风归去，怎不令邢鹏举悲痛欲绝？难怪他在回忆录中写道："可怜的志摩先生！谁知道你所关心的身体衰弱的我，现在依然健在，谁知道我以前和你约定北上就事的计画，就此变成画饼。谁知道《勃莱克》出版和《雪莱》完成的时候，你已经脱离了这个世界？想到这里，一阵心酸，那两行久郁待发的热泪，终究夺眶而出了。"[1] 此信是徐志摩最后遗札之一，如果不算十一月十八日留给杨杏佛的那张字条，也可当作徐志摩的绝笔看。与前一通一样，两信都是徐志摩无微不至提携后进的有力见证，值得珍视。

---

[1] 邢鹏举：《爱俪儿释放了——哭徐师志摩（一）》，《光华附中》一九三二年十二月十日第五期。

最后有必要补充一句，本文介绍的徐志摩佚诗和佚简，邵华强编《徐志摩研究资料》（一九八八年一月陕西人民出版社版）亦未收录。

（原载一九八八年十一月一日香港《明报月刊》总第二七五期）

徐志摩佚诗与佚简重光（续）

一

"新月派"祭酒徐志摩的诗是中国现代诗歌中的瑰宝。徐志摩在短促的一生中为读者留下了《志摩的诗》《翡冷翠的一夜》《猛虎集》《云游》等四部著名的诗集，二十余年来，台湾、香港和大陆又先后出版了搜集较为完备的《徐志摩全集》或《徐志摩诗全编》，陆续发现的徐志摩诗作（包括译诗）已达二八三首之多。[①]当然，遗珠之憾仍在所难免。笔者最近又有幸找到迄今

---

① 一九八七年六月浙江文艺出版社出版的《徐志摩诗全编》共收录徐志摩诗（包括译诗）二八〇首，最为齐全。前不久又新发现徐志摩佚诗《为的是》《秋阳》（散文诗）和译《诗经·郑风·出其东门》一首，因此，总数已达二八三首。

尚未编集的徐志摩佚诗《小诗一首》，先照录如下：

我羡慕
　　他的勇敢，
一点亮
　　透出黑暗！

他只有
　　那一闪的焰，
但不问
　　宇宙的深浅。

多微弱
　　他那点光，
寂寞的，在
　　黑夜里徬徨！

这首诗原载一九三一年四月十五日《北大学生周刊》第一卷第十期，署名徐志摩。《北大学生周刊》创刊于一九三〇年十二月，是一份以刊登北大学生创作为主的综合性刊物，但蔡元培、胡适、岂明（周作人）、蒋梦麟、马叙伦、杨丙辰、徐霞村、江绍原等北大名教授也曾在这份早已为人们所遗忘的刊物上亮过相。对该刊编者翟永坤，现在的读者想必很少知道他是何许人了，其实他是当时一位颇为活跃的青年作家，他与鲁迅、郁达夫等新文学巨子均有颇为密切的交往，二十年代末又与王余杞等合编《荒岛》文学半月刊，还出版了小说集《她底遗书》，[①] 在京沪文坛上有一些影响，当时他正在北大国文学系就读。应该指出的是，徐志摩主持《晨报副刊》编务期间，翟永坤也是积极的投稿者，他请徐志摩为《北大学生周刊》撰稿，正是情理之中的事。

关于徐志摩当时的行止，据陈从周的《徐志摩年谱》[②] 说，一九三〇年秋后徐"应胡适之的邀请到北京佐北大的校务"，邵华强的《徐志摩年谱简编》[③] 则作一九三一年二月"应北京大学教务长胡适邀请去北大任外国文学系教授"。但笔者查阅《北京大学日刊》，却发现民国十九年度至二十年度第二学期（即一九三一年二月至六月）的北大外国文学系英文组课程大纲中，并无徐志摩到校授课的安排，徐志摩在北

---

① 翟永坤著小说集《她底遗书》一九二八年六月上海开明书店初版。
② 陈从周：《徐志摩年谱》，作者自费印行，一九四九年。
③ 邵华强：《徐志摩年谱简编》，《徐志摩研究资料》，西安：陕西人民出版社，一九八八年。

大外国文学系英文组开设三年级"翻译"课和"今代诗""雪莱""哈代"等三门选修课程，以及在北大国文学系担任新文学试作课诗歌写作的指导教师，①是一九三一年九月以后的事。尽管如此，徐志摩在一九三一年上半年已应北大之聘，大概是可以肯定的，否则，没有这一层关系，他不大可能为《北大学生周刊》这样的小刊物撰稿。

翟永坤在发表徐志摩这首诗时，还附有一段说明，也颇重要，一并照录如下：

徐先生寄这首诗来，未写题目，可是他的信中有"小诗一首"云云，所以我就将这四字当成题目加上了，尚乞徐先生谅之！

由此可见，《小诗一首》的标题是编者代加的，若把这首佚诗冠以"无题"，也未尝不可。这首小诗属于徐志摩的晚期作品，诗中的"我"对"他"在黑暗中勇敢地闪光表示钦慕，无疑显示了作者的英雄主义崇拜和他对"光明"的不懈追求，作者的浪漫主义热情

---

① 徐志摩在北京大学所授课程分别见于一九三一年九月十四日《北京大学日刊》刊《文学院各学系课程大纲》和同年九月二十五日《北京大学日刊》刊《国文学系布告》。

可谓至死不减。而短短十二句诗，技巧的精致圆熟，同样值得读者再三吟味。

二

秋郎先生：

请你替我在《青光》上发一个寻人的广告，人字须倒写。

我前天收到一封信，信面开我的地址一点也不错，但信里问我们的屋子究竟是在天堂上还是在地狱里，因为他们怎么也找不到我们的住处。署名人就是上次在《青光》上露过面的金岳霖与丽琳；他们的办法真妙，既然写信给我，就该把他们住的地方通知，那我不就会去找他们，可是不，他们对于他们自己的行踪严守秘密，同时却约我们昨晚上到一个姓张的朋友家里去。我们昨晚去了，那家的门号是四十九号A。我们找到一家四十九号没有A! 这里面当然没有他们的朋友，不姓张，我们又转身跑，还是不知下落。昨天我在所有可能的朋友旅馆都去问了，还是白费。

我们现在倒有些着急，故而急急要你登广告，因为你想这一对天字第一号打拉苏阿木林，可以蠢到连一个地址都找不到，说不定在这三两天内碰着了什么意外，比如过马路时叫车给碰失了腿，夜晚间叫强盗给破了肚子，或是叫骗子给拐了去贩卖活口！谁知道！

话说回来，秋郎，看来哲学是学不得的。因为你想，老金虽则天生就不机灵，虽则他的耳朵长得异样的难看甚至于招过某太太极不堪的批评，虽则他的眼睛有时候睁得不必要的大，虽则——他总还不是个白痴。何至于忽然间冥顽到这不可想象的糟糕？一定是哲学害了他，柏拉图、葛林、罗素，都有份！要是他果然因为学了哲学而从不灵变到极笨，果然因为笨极了而找不到一个写得明明白白的地址，果然因为找不到而致流落，果然因为流落而至于发生意外，自杀或被杀——那不是坑人，咱们这追悼会也无从开起不是？

我想起了他们前年初到北京时的妙相。他们从京浦路进京，因为那时车子有时脱班至一二天之久，我实在是无法接客，结果他们一对打拉苏一下车来举目无亲！那时天还冷，他们的打扮是十分不古典的：老金他簇着一头乱发，板着一张五天不洗的丑脸，穿着比俄国叫化更褴褛的洋装，蹩着一双脚；丽琳小姐更好了，头发比他的矗得还高，脸子比他的更黑，穿着一件大得不可开交的古货杏黄花缎的老羊皮袍，那是老金的祖老太爷的，拖着一双破烂得像烂香蕉的皮鞋。他们倒会打算，因为行李多不雇洋车，要了大车，把所有的皮箱木箱皮包篮子球板打字机一个十斤半沉的

大梨子破书等等一大堆全给窝了上去，前头一只毛头
打结吃不饱的破骡子一蹩一蹩的拉着，旁边走着一个
反穿羊皮统面目黧黑的车夫。他们俩，一个穿怪洋装
的中国男人和一个穿怪中国衣的外国女人，也是一蹩
一蹩的在大车背后跟着！虽则那时还在清早，但他们
的那怪相至少不能逃过北京城里官僚治下的势利狗子
们的愤怒的注意。黄的白的黑的乃至于杂色的一群狗
哄起来结成一大队跟在他们背后直嗥，意思说是叫化
子我们也见过，却没见过你们那不中不西的破样子，
我们为维持人道尊严与街道治安起见，不得不提高了
嗓子对你们表示我们极端的鄙视与厌恶！在这群狗的
背后又跟着一大群的野孩子，哲学家尽走，狗尽叫，
孩子们尽拍手乐！

此信原刊一九二七年七月二十七日上海《时事
新报·青光》，题为《徐志摩寻丫》，从未收集。受信
人"秋郎"即梁实秋，当时梁实秋正主编《青光》，以
"秋郎"的笔名在该刊开辟一个杂文专栏，后来结集为
《骂人的艺术》出版，风行一时。他在次日发表的《寻
丫》一文中对此信标题上的人字倒排作了解释，原来
这是"谨遵"徐先生的"特别要求"。

这封长信洋洋千言，写的是哲学家金岳霖的奇闻

轶事。金岳霖与冯友兰、熊十力齐名，著有《论道》《知识论》等书，是中国现代实证哲学的代表人物，影响很大。早在一九一九年留学美国哥伦比亚大学期间，徐志摩就与其订交了。徐志摩热情如火，虽然两人所学不同，性格也各异，仍时相往还，友情甚笃。徐志摩一九二五年七月十五日致英国好友恩厚之的信介绍金岳霖，就称其为"我的真正好朋友"，他"在中国智识界不在任何人之下"，并建议由金岳霖来编辑一份作为连接中国和欧美知识界纽带的英文杂志，由此可见徐志摩对金岳霖的推重。当时金岳霖与其外国太太寻访徐志摩未成，反闹出不少笑话，触发了徐志摩的灵感，于是大笔一挥，写下了这封别致的寻人信。

这封信其实完全可以当作一篇精彩的散文来读。金岳霖能在哲学王国的天地里自由遨游，却难以应付日常生活，文人痴绝，憨态可掬。徐志摩把金岳霖的奇人异行刻画入微，惟妙惟肖，虽不免带有一点调侃的意味，但神思飞扬，谐趣盎然，文笔之"顽皮""伶俐"（杨振声语）同样令人咋舌称奇。

（分别刊一九八九年八月香港《明报月刊》第二八四期和同年十一月十九日台北《中国时报·人间》）

《雪花的快乐》手稿

　　去冬今春，中国北方千里冰封，万里雪飘，不禁想起新诗人徐志摩的前期代表作《雪花的快乐》。

　　此诗发表于一九二五年一月七日北京《现代评论》第一卷第六期，收入一九二五年作者自印线装本《志摩的诗》，按发表时间先后列为全书倒数第二首，后又收入一九二八年八月上海新月书店初版铅印《志摩的诗》删节本，改列为全书第一首。很可能因为，朱湘当时读了《志摩的诗》线装本后，将此诗誉为"全本诗中最完美的一首诗"，故徐志摩在出版铅印本时将其提到全书第一首。

　　这首四节、每节五行的《雪花的快乐》不但富于歌唱性，而且诗行错落有致，在格律和音节上都自有

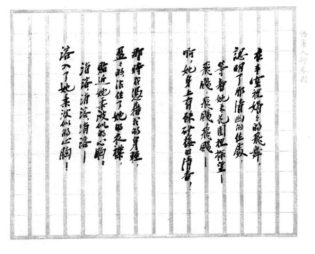

徐志摩《雪花的快乐》手稿

特色，是新月派提倡的"新格律诗"的成功尝试之一，正如朱湘所揭示的，此诗所体现的"徐君的想象正是古代词人那种细腻的想象，徐君诗中的音节也正是词中的那种和婉的音节"。（以上引自朱湘《评徐君〈志摩的诗〉》，一九二六年一月《小说月报》第十七卷第一号）先把此诗铅印本版也即最后定稿照录如下：

假如我是一朵雪花，
翩翩的在半空里潇洒，
　　我一定认清我的方向——
　　飞飏，飞飏，飞飏——
这地面上有我的方向。

不去那冷寞的幽谷，
不去那凄清的山麓，
　　也不上荒街去惆怅——
　　飞飏，飞飏，飞飏——
你看，我有我的方向！

在半空里娟娟的飞舞，
认明了那清幽的住处，
　　等着她来花园里探望——

飞飏，飞飏，飞飏——

啊，她身上有朱砂梅的清香！

那时我凭藉我的身轻，

盈盈的，沾住了她的衣襟，

　贴近她柔波似的心胸——

　消溶，消溶，消溶——

溶入了她柔波似的心胸！

令人意想不到的是，《雪花的快乐》竟有一份作者的亲笔手稿尚存人间，原在东瀛，数年前为海上收藏家王金声兄获得。此诗手稿毛笔竖行书写两页，字迹工整，受郑孝胥书法的影响明显。将手稿与初刊、线装本和铅印本对照，除了标点有数处不同，还有了有趣的发现。

此诗初刊时诗末有"十二月三十日雪夜"，手稿和线装本、铅印本均无这句落款。然而，这句落款其实至关重要，它清楚地显示了《雪花的快乐》的写作语境，即作于一九二四年十二月三十日"雪夜"。那晚，大雪纷飞，徐志摩对雪生情，联想翩翩，才写下了这首以雪花为寄托的优美的《雪花的快乐》。再看此诗最后一节首句最后一个词，初刊作"轻盈"，手稿、线装本和铅印本均改作"身轻";而这一节第二句开头,初刊作"凝凝的",线装本也作"凝凝的",但手稿已改为"盈盈的",铅印本也作"盈盈的"了。由此应可作出如下判断:这份《雪花的快乐》手稿,并非初始手稿,当为线装本出版后,徐志摩应某位日本友人之请重新手书的,所以没有了落款,又把"凝凝的"改为"盈盈的"。或也可进一步推测,这份手稿当书于一九二五年线装本出版之后,一九二八年铅印本出版之前。

不管怎样,《雪花的快乐》这首徐志摩名诗的手稿能够重见天日,并回到中国收藏家手中,弥足珍贵。

(原载二〇一八年三月上海《书城》新一四二期)

《赠给她》

华东师范大学中山北路校区举办了一个"小绿天楼华东师大学人翰墨及校史文献展",由于未作宣传,我一直不知道。日前才与藏书家韦力兄等在"小绿天楼"主人丁小明兄陪同下,参观了这个展览,有些有趣的发现。

展览中有一套《光华期刊》。一九二〇至三〇年代的光华大学是华东师大前身之一,展出此刊理所当然。此刊一九二七年六月三十日创刊,由"光华大中学生会编辑部"编辑,是份综合性学术文化刊物。以创刊号为例,就发表了关于国际关系、外交、城市设计、中外史学、民族学、优生学、中国哲学和文学等方面的论文,作者当然也大都是在光华执教的各个学科专家。创刊号殿后之文是"新诗一束",目录页署名"徐志摩"。徐志摩自一九二七年春季起在光华教授"英国诗"和"英国散文",他为《光华期刊》写稿也理所当然。但具体查"新诗一束",并非全是徐志摩的诗,准确地说,绝大部分并非出自徐志摩之手,而是光华学生的新诗习作,只有最后一首才真正是徐志摩的诗,题为《赠给她》,四句两段,共八句,照录如下:

这石是一堆粗丑的顽石,

这百合是一茎鲜妍的秀色;

但当日光将花影插上了石隙,

这粗丑的石上也化生了媚迹。

我是一团凡庸的臃肿,

她的是人间无比的仙容,

但当爱神将她偎入我的怀中,

就我也变成了天神似的英雄!

《赠给她》是一首小诗,在徐志摩众多新诗中并不占重要地位,不过还是值得一说。此诗后来改题《天神似的英雄》,收入一九二七年九月新月书店初版《翡冷翠的一夜》。迄今搜集和考订最为齐全的二〇〇五年五月天津人民出版社初版《徐志摩全集》收入此诗时，称"写作时间和发表报刊不详"，这个"不详"终于因此偶然机会见到《光华期刊》而详知了。

问题并未到此结束。初刊《光华期刊》的《赠给她》和收入《翡冷翠的一夜》的《天神似的英雄》，除了诗题有所变动，诗的内容也多有修改。第二句改为"这百合是一丛明媚的秀色"；第三句改为"但当月光将花影描上了石隙"；第四句改为"这粗丑的顽石也化生了媚迹"；第五句改为"我是一团臃肿的凡庸"；第六句改为"但当恋爱将她偎入我的怀中"。八句中竟有五句作了改动。其中第三句将"日光"改为"月光"，显然是一个重大的修正。而原诗题《赠给她》弃之不用，把最后一句的后半句"天神似的英雄"作为新诗题，确实耐人寻味。"她"是谁，有否特指？八个月前，徐志摩刚与陆小曼在北京结婚，"她"会不会指陆小曼？如是，为什么收入《翡冷翠的一夜》时要改动呢？毕竟，徐志摩的诗收集时改动诗题的很少，《赠给她》是颇为显著的一例。

初刊本《赠给她》与定本《天神似的英雄》之间的这种种不同，为解读徐志摩这首小诗打开了新的诠释空间，也再次证明新文学作品初刊本不容忽视。

（原载二○一五年十一月一日香港《明报·世纪》

《新月》中的徐志摩佚文

近年来，对徐志摩集外著译的搜集取得了长足的进展。继多种版本的《徐志摩全集》之后，《徐志摩佚文集》（徐国华编，二〇一七年五月浙江人民美术出版社初版）和《远山：徐志摩佚文集》（陈建军、徐志东编，二〇一八年三月商务印书馆初版）也已经先后问世。那么，徐志摩集外文的发掘还有新的空间吗？答案是肯定的。

一

在中国现代文学史上有重要地位的《新月》月刊是以徐志摩为主创办的，《新月》上发表的徐志摩诗文在他生前和身后，绝大部分都已编入了他自编诗文集和他人所编文集或全集。照理说，在《新月》上已不大可能还有徐志摩作品的遗珠，其实不然。一九二九年三月《新月》第二卷第一号所刊新书评介《现代短篇小说选》，应该就是出自徐志摩之手的漏网之鱼，照录如下：

《现代短篇小说选》

A Book of Modern Short Stones[Stories], ediled[edited] by Dorothy Brewster Macmillan Company

在国内大学当教授的往往感到选择课本的困难。尤其是教文学的，因为教科书本就好的少，文学的教科书更不易见好。如其学校图书馆有相当的设备，教文学的本用不着特定的教科书。协〔但〕事实上又不易待〔得〕到这个便利。外国书尤其来得贵，做学生的实在没有力量购备所有应用的书。近来英美各国的出版界也许顾到这一点，新出的各种科目的集本（Anthologies）极多，坏的固然有，好的也不少。我们这里介绍的是麦美伦出的一本现代短篇小说集。短篇小说在近代不仅是最风行的一种文学体裁，并且自从近几十年契诃甫莫泊桑诸大家以来竟然成为一种独立的文学体裁，有它本身的风格与艺术与趣味，不再是短的小说了。这部集子的好处是在编者选择的标准：一面注重各派不同的写法，一面所选的作品都是这时代短篇小说名家的名著。远到契诃甫，近到 Stephen Zweig 与 Aldous Huxley。这集子几于［乎］篇篇都值得读，值得学做小说的人用心研究，极适宜于用作短篇小说的课本。在书的末尾有附注，说明各篇特具的风格与趣味。（摩）

这篇新书评介在《新月》的"海外出版界"专栏中刊出。"海外出版界"这个专栏不是《新月》一开始就设立的。《新月》一九二八年三月创刊时，并无"海外出版界"专栏，待出版至同年九月第一卷第七号时，《编辑余话》中宣布将"刷新内容"，增设"海外出版界"等专栏。按照梁实秋的回忆，当时主编《新月》的正是徐志摩：《新月》"编辑人列徐志摩、饶子离、闻一多三个人。事实上饶子离任上海市政府秘书，整天的忙，一多在南京，负责主编的只是志摩一个人。"① 因此，这篇《编辑余话》也应出自徐志摩之手，也属于徐志摩的佚文，一并转录如下：

在本刊创刊号《新月的态度》里曾经告诉过读者：

---

① 梁实秋：《谈闻一多》，《梁实秋文学回忆录》，长沙：岳麓书社，一九八九年，第三○七页。

我们要下一个"郑重矜持"的决心。半年来承读者的期许，使我们能够得着三千到四千个的同情者；又承朋友们的赞助，使我们对于稿件总是美不胜收。我们除了感谢以外，只有加倍的再继续努力。

同时半年来自己回头一看，虽说侥幸还没有溢出过范围，然而内容太趋向于"沉重"方面也是我们屡次觉到的。因此我们决定从下期起要略略添点轻松的色彩，使读者不至于感觉到过分的严正。这并不是说要改变态度，那"郑重矜持"的决心我们还始终要维持。所谓决定从第八号起把内容刷新的是：除了本期里已经添了一栏"我们的朋友"，专载各项问题的讨论，并欢迎随时投稿外，以后每期再增加"书报春秋""零星""海外出版界"三栏。

"书报春秋"是我们在"学灯"里曾经用过的名称。现在"学灯"等于消灭，这名称继续在《新月》里出现，似乎也没什么不可以。这一栏专载关于文艺学术思想各方面的论评文字。

"零星"是登载短评和杂感的专栏。我们觉得有时在警练的短篇里一样有独到的地方。

"海外出版界"更不消说是用简略的文字介绍海外新出的名著，和从出版界到著作家的重要消息；我们添设这栏，是想使读者随时知道一点世界文坛的现状。

末了要附带告罪的是我们因为篇幅太多，每期都售特价，希望以后再不至于屡次这样。

这篇《编辑余话》可视为《新月》创刊半年以后，作为实际编者的徐志摩对《新月》编辑工作较为全面的回顾和重新调整，增设了很多新的专栏。"'学灯'里曾经用过的名称"，是指一九二七年时上海《时事新报·学灯》中的"书报春秋"专栏，以发表书评为主，梁实秋等"新月"同人都是该专栏的作者。

果然，在一九二八年十月《新月》第一卷第八号上，"海外出版界"正式开张了。首期"海外出版界"共刊出《伦敦爱佛黛娣的出现》《哀特门戈斯（Edmund Gosse）遗书的拍卖》《两个学者政治家的死》《天鹅的歌（高尔士华绥著）》等七篇新书评介或海外文坛"重要消息"，均由叶公超一人执笔。

自一九二八年十一月《新月》第一卷第九号开始，梁遇春也以《高鲁斯密斯的二百周年纪念》《俄国之真相》等新书评介，加入了"海外出版界"专栏的写作。从此以后，叶公超和梁遇春两位就成为"海外出版界"专栏的台柱，其他作者大都是客串。也就是从这一期起，"海外出版界"每篇作者的署名大都置于文末，略去姓氏，只采用名字或名字的最后一个字。如"（超）"

就是叶公超,"(春)"就是梁遇春,"(东荪)"就是张东荪,"(彝)"就是顾仲彝,而"目录"页的署名则为"叶公超"或"叶公超等"。①

现在可以回到《现代短篇小说选》了,请特别注意此文文末的署名"(摩)"。刊发这篇新书评介的《新月》第二卷第一号"编辑者"仍署名"徐志摩 闻一多 饶孟侃",也就是说仍是徐志摩一人编的。该期"海外出版界"专栏共发表了四篇新书评介,前三篇是《施推茜·奥蒙纳逝世》(超)、《东方诗选(提真斯编)》(春)和《〈近代短篇小说选〉〈近代代表短篇小说集〉》(超),也就是说这三篇的作者分别是叶公超和梁遇春。最后这篇《现代短篇小说选》署名"(摩)",当时《新月》的编者和作者中,姓名最后一个字是"摩"的,只有徐志摩一人,因此可以断定,此文作者非徐志摩莫属。

徐志摩推介《现代短篇小说选》一书,并非偶然。他当时在上海光华大学英文系任教,讲授"英国文学史、英文诗、英美散文、文学批评"等课程,②因而关

---

① 自一九三二年九月第四卷第二期之后,叶公超主编《新月》,"海外出版界"专栏作者署名又改为一般只署名字(或全名),如秋心(梁遇春)、吴世昌、中书君(钱锺书)、公超、上沅等。
② 陈从周:《徐志摩年谱》一九二九年部分,《徐志摩:年谱与评述》,上海:上海书店出版社,二〇〇八年,第八十一页。

心英文文学教科书。当他见到英国麦克米伦出版公司新出的这本《现代短篇小说选》后，觉得书中"几乎篇篇都值得读"，"极适宜于用作短篇小说的课本"，故而撰文介绍，在"海外出版界"专栏上客串一回，也就完全可以理解了。

二

《新月》一九二八年三月在上海创刊，月刊，一年十二期为一卷，至一九二九年三月第二卷第一号，共十三期《新月》的"编辑者"一直署名"徐志摩　闻一多　饶孟侃"，徐志摩一直排在"编辑者"首位。而据上述梁实秋的回忆，这十三期《新月》的实际编辑只有徐志摩一人。明乎此，就会对这十三期《新月》上的《编辑余话》有全新的认识。

在这十三期《新月》上，刊出《编辑余话》的是一九二八年九月第一卷第七号、同年十月第一卷第八号和一九二九年三月第二卷第一号，共三篇，多乎哉，不多也。这三篇徐志摩编辑这三期《新月》的"余话"，因为均未署名而一直被忽视，其实都是各种版本的《徐志摩全集》所失收的佚文，显示了徐志摩作为编辑家的这一面。其中第一卷第七号《编辑余话》上文已介绍，第二卷第一号《编辑余话》在拙作《徐志

《摩与平社》中已作了介绍，剩下就是一九二八年十月第一卷第八号上这篇《编辑余话》了，也照录如下：

本期因为匀出了两万字的地位给新添的"书报春秋"、"零星"、"海外出版界"三栏，所以有许多长篇稿件都限于篇幅不能刊登。我们留下的长篇续稿，有潘光旦先生的《自然淘汰与中华民族性》和饶孟侃先生的《梧桐雨》；此外还有闻一多先生一篇短篇小说《履历片》——闻先生的处女作——及好几篇别的稿件，都因为寄来的太晚，要等下期才能发表。

沈从文先生的《阿丽思中国游记》共分四卷，第二卷在本期上也继续披露完了。我们为避免稿件过于冗长，决定以后第三卷第四卷不再在本刊上披露；只等作者把稿件整理好了，就马上另刊单行本。但是沈先生的小说我们还有得读，因为他答应以后在本刊上每期都另写一篇短篇小说，这是我们可以预告的。

本期在篇幅上虽仍旧超过了我们原定的字数，但决定只售三角，不卖特价，以应读者纷纷的要求。

这篇《编辑余话》与另二篇《编辑余话》不同，只是一些具体编辑事务的交代，但还是有两点值得注意。

一、文中透露出徐志摩对沈从文作品的器重，以及沈从文的长篇处女作《阿丽思中国游记》为何不再在《新月》上连载的原因。[①] 而且，沈从文之后也确实实践了诺言，《雨》《阿金》《旅店》等短篇小说源源不断地在《新月》刊出，以至后来有文学史家把沈从文也视为新月派作家。

二、文中还透露《新月》本拟发表闻一多的短篇《履历片》："还有闻一多先生一篇短篇小说《履历片》——闻先生的处女作——及好几篇别的稿件，都因为寄来的太晚，要等下期才能发表。"所谓"处女作"，当然针对闻一多的短篇小说创作而言。《履历片》稿已寄到《新月》，应在徐志摩处，而且已作了这样的预告，奇怪的是，"下期"以及之后的《新月》均未见有《履历片》刊出。这篇闻一多的短篇小说"处女作"就这样不明不白地"失踪"了，是闻一多改了主意，是徐志摩遗失了来稿，还是别的什么原因？已无法推测，只留下一个篇名，引发我们后人的遐想。当然，《履历片》的未能刊出，也从一个侧面证实，闻一多确实只是挂名，并未实际参与《新月》编辑。

---

① 沈从文的《阿丽思中国游记》由新月书店出版，版权页作"一九二八年七月初版"，实际出版时间疑有衍期。

从新书评介《现代短篇小说选》到《新月》第一卷第七号和第八号的《编辑余话》，在已经被海内外许多研究者反复查阅的《新月》上又发掘出三篇徐志摩佚文，进一步展示徐志摩在《新月》初期所发挥的重要作用，并为《徐志摩全集》增肥，不能不感到意外的惊喜。

还历史以本来面目

——《徐志摩未刊日记》序

在二十世纪中国散文的发展进程中，日记文学一直是重要的组成部分。不少新文学大家都提倡日记文学，都对日记文学发表过精辟的意见。夏丏尊认为"日记文学，是实际生活的记录，可以打破一切文字上的陈套"（《文章作法》）；郁达夫认为日记文学"能使真实性确立"，并强调爱读文学书的人，首先爱读名家的日记（《日记文学》）；周作人也认为日记文学"是文学中特别有趣味的东西，因为比别种文章更显明的表现出作者的个性"（《日记与尺牍》）；阿英更进一步把新文学中的日记文学划分为记游日记、社会观察日记、私生活日记和情节日记四大类，并加以讨论（《〈日记文学丛选〉序记》）。当然，在众多关于日记文学的论述中，鲁迅的看法是最值得注意的：

> 我本来每天写日记，是写给自己看的；大约天地间写着这样日记的人们很少。假使写的人成了名人，死了之后便也会印出；看的人也格外有趣味，因为他写的时候不像做《内感篇》外冒篇似的须摆空架子，所以反而可以看出真的面目来。我想，这是日记的正宗嫡派。（《马上日记》）

其实，研究新文学作家的日记文学，我们必须厘清这一点：日记与日记文学虽有关联却不能等同，它们是既有联系又有区别的。日记文学虽然取的是日记体裁，但仍属于文学的范畴，如郁达夫的《日记九种》；而日记则大都是纯粹的记事，如《鲁迅日记》。前者在作者生前即已公开发表，且已成为新文学散文中的名著，影响甚大；后者虽然也极为重要，于研究鲁迅的生平行状不可或缺，严格来讲，毕竟不能算是文学作品。前者当然也是真实的，但并不排除艺术加工和艺术渲染的成分；后者由于作者生前不打算发表，所以"备遗忘，录时事，志感想"（郁达夫语），可能更具真实。事实也确是如此，鲁迅、周作人、吴宓、朱自清等名家的日记都是在他们身后由其后人或研究者整理才公之于世的。

　　如果以此观点考察现有的徐志摩日记，我们就会惊喜地发现，徐志摩的日记既是这位中国新诗坛祭酒毫不作假的生活实录，即真实的日记，同时也是优美隽永的散文作品，即上乘的日记文学，两者合而为一，这是十分难得的。

　　徐志摩只在人世存留了短暂的三十五个年头，用今天流行的话来说可谓"潇洒走一回"。在他生前发表的丰富多彩的诗文中，除了在冷僻的上海光华大学校刊上刊登过四页英文的《翡冷翠日记》片段外，并没有日记在内。一九三一年十一月十九日，他在济南北大山上空驾鹤西去，不久由他创办的新月书店就预告出版《徐志摩日记》以为纪念，但迟迟未见问世。倒是他的学生赵家璧在其所编"徐志摩遗作"《秋》中重刊了《翡冷翠日记》，并称是徐志摩"用心血织成的日记"，"怕要比他所有的著作更值得宝贵"（《〈秋〉篇前》）。到了一九三二年十一月，徐志摩好友邵洵美在他主编的《时代画报》第三卷第六期上揭载徐志摩的《眉轩琐语》，这是徐志摩日记在他身后首次公开，尽管只有短短的两则和序语，却已引起文坛的关注，阿英就把它编入《日记文学丛选》，作为"私生活日记"的一种向读者推荐，并指出"量的方面虽不多，但读者同样可以看到志摩日记写作的体例与方法的"（《〈日记文学丛选〉序记》）。

此后的徐志摩日记出版史，今天的读者可能都已比较熟悉了，那就是：一九三六年三月，《爱眉小扎》铅排精装本问世，同年四月，《爱眉小扎》"真迹手写本"问世；一九四七年三月，《志摩日记》问世。这三种不同版本的徐志摩日记虽然互有重复，但却是现有徐志摩日记的基本组成部分，今天各种版本的徐志摩全集、文集、选集的日记卷无不采用。如果它们当年也遭到意外，像那只神秘的"八宝箱"中所存的徐志摩"剑桥日记"那样至今下落不明，那么今天所见的《徐志摩未刊日记（外四种）》是无从编起的。

虞坤林先生编这部《徐志摩未刊日记（外四种）》所花费的时间和心血是可以想见的，不仅因为这部书是迄今为止最为完整的徐志摩日记的汇编，还因为他发掘考证了连载于一九三四年《论语》第三十八、三十九、四十、四十二和四十三期上的《爱眉小扎》初刊本，还《爱眉小扎》（部分）以历史的本来面目，这在徐志摩日记版本研究上是一个颇为重大的发现。此外，这部日记还首次公开了一度被弄得扑朔迷离的徐志摩的《府中日记》和《留美日记》。这两部徐志摩青少年时期的珍贵日记从日本到中国到美国再回到中国，本应在却最后未能在香港商务印书馆版《徐志摩全集》中问世，而今终于"失而复得"，实在值得庆幸。回想八年前，徐积锴先生当面向我提起这部日记下落时的痛心的情景，还历历如在眼前。现在这两册日记的全貌已披露在海内外读者面前，终于可以接受徐志摩爱好者和研究者的评说了。

据陆小曼回忆，徐志摩生前对她说过："不要轻看了这两部小小的书（指《爱眉小扎》——作者注），其中哪一字哪一句不是从我们热血里流出来的。将来我们年纪老了，可以把它放在一起发表，你不要怕羞，这种爱的吐露是人生不易轻得的。"（《〈爱眉小扎〉序》）这固然是缘于徐志摩与陆小曼之间那段刻骨铭心的爱，同样也说明了徐志摩对日记的重视。他曾一再要求陆小曼也每天记日记，把自己的"思想情感"记载下来，显然也是出于同样的考虑。在中国新文学作家中，对日记和日记文学如此情有独钟，除了郁达夫，恐怕就数徐志摩了，而徐、郁两人本是中学同窗好友，这真是一件有趣的事。

一九二六年十二月二十八日的徐志摩日记记载，他当天送给陆小曼的"年礼"是一部"曼殊斐儿的日记"，徐志摩特别引用了该书前面的题词："一本纯粹性灵所产生，亦是为纯粹性灵而产生的书。"对徐志摩自己的这些日记，完全也应作如是观。徐志摩的"纯粹性灵"，徐志摩的浪漫主义情怀，以及徐志摩"浓得化不开"的散文笔调，在他这些日记中全部真实呈现，坦露无遗。在我看来，徐志摩的日记，在中国新文学作家的日记和日记文学中是独一无二的，在中国现代文学史上应有其独特的重要性，相信认真的读者自会细细咀嚼体会。

坤林先生长期致力于浙江海宁籍文人学者生平史料的整理，成绩斐然。继《红尘冷眼——宋云彬日记》之后，又费时二载，锐意穷搜，仔细校勘，精心编排，完成这部《徐志摩未刊日记（外四种）》付梓，对徐志摩作品的整理和研究，无论从哪个意义上说，都是一件令人欣慰的大事。承他不弃，嘱为作序，拉杂写来，不当之处，谨请坤林先生和广大读者指教。

二〇〇二年十二月八日于上海华东师范大学

（原载二〇〇三年一月北京图书馆出版社《徐志摩未刊日记》）

三三

徐志摩与国际笔会中国分会

　　徐志摩对中国新文学的贡献，从文学社团角度而言，人们首先会想到他是新月社的主要发起人，接连主编了《晨报副镌》《晨报副镌·诗镌》《新月》和《诗刊》等刊，还参与创办了新月书店，有关这方面的研究已很多很多。但除了新月社，徐志摩还是另一个文学社团——国际笔会中国分会（以下简称中国笔会）的发起人和积极推动者，至今鲜有人关注。尽管中国笔会是较为松散的文学团体，其在中国现代文学史上的地位和影响也不能与新月社相比，但还是值得探究。

一

　　国际笔会是英国女作家道森·司各特夫人发起的，

一九二一年十月成立于伦敦。一九二三年春，伦敦总会聘请世界各国二十位著名作家为国际笔会名誉会员，其中有好几位当时已是或后来成为诺贝尔文学奖的得主。除英国的哈代、爱尔兰的叶芝、美国的弗罗斯特、法国的法朗士和罗曼·罗兰、比利时的梅特林克、挪威的汉姆生、丹麦的勃兰兑斯、奥地利的施尼茨勒、德国的豪普特曼、苏联的高尔基等人外，亚洲地区被聘的只有两位，一位是印度的泰戈尔，另一位就是中国的梁启超。梁启超的被聘系当时中国北洋政府驻英国代办公使朱兆莘所提名，朱兆莘在该年三月十五日《致任世伯大人书》中说得很明白："伦敦万国著作家俱乐部，征求亚洲名誉会员二人，除日本应占一席外，由莘推举一人。该会悬格极高，入会者皆当世知名人士。环顾国中，著作等身，足膺斯选者，舍公谁属？故擅举大名，代表吾国。除由该会迳通讯外，谨将会章函件附呈备览。"[1] 梁启超是中国近代文学巨匠，他那些"笔锋常带情感"的散文汪洋恣肆，在二十世纪初的中国文坛上开一代风气，推荐他代表中国作家担任国际笔会名誉会员，是合适的，梁启超的被聘也正

[1] 丁文江、赵丰田编：《梁启超年谱长编》，上海：上海人民出版社，一九八三年。

是中国作家与国际笔会建立关系的开始。

　　然而，把国际笔会正式介绍给中国文学界的是徐志摩。两个多月后，梁启超的学生徐志摩在六月十一日北京《晨报副镌·文学旬刊》上发表《国际著作者协社》一文，首次向中国文学界介绍了国际笔会。徐志摩在文中简述国际笔会的组织和活动情况之后，指出：创立国际笔会"目的是在于联合各国的著作家，发展相互的同情。"同时列出国际笔会二十位名誉委员名单，认为国际笔会会长高尔斯华绥亲自致函梁启超聘其为名誉委员，"这未始不是东西文化实际携手的一个好消息。"[①] 值得注意的是，徐志摩还进一步指出：

　　我想北京也有组织支部的必要，泰谷尔快来了，威尔士也快来了，将来西伯利亚一通路，西欧的著作家，一定会得源源而来，这里如其有一相当的组织，专司介绍与招待的责任，岂非实际上很有利便。文学家最不愿意亲近的是势利机关，政治外交的官员，他们就爱私人的交谊，与不事铺张却真有同情的接待。而且此后我们的著作家去欧美游历的一定也有，有了

———————————

[①] 　徐志摩此文介绍国际笔会的材料和所列国际笔会二十位名誉委员名单，应得之梁启超处。

这样一个机关，我们便可与各国大都会的文艺界直接有呼应，岂非是创举？

这段话可视为在中国建立国际笔会分会的最初动议。但是，徐志摩的这个美好设想具体付之实施，则要到七年之后了。

目前所知徐志摩文字中再次提及这个设想，已到了一九三〇年五月。该年五月九日徐志摩致郭有守的信中有这样一段话：

小郭：你不要生气，《缘起》我还是写了。我现在适之先生处，我们商量决定星一中午在跑马厅华安八楼请客，主人还是那晚签名的十人（加入程沧波）。请的客不多，也只有十人左右，是请他们来加入做发起人的，因为那晚的名单是不够代表各方面的。你想必同意。《缘起》等等到那天吃饭时再谈，事情反正是成了的，不必再着急了。你和老谢能同来最好……①

"小郭"指郭有守，字子杰，是徐志摩留英时结

① 徐志摩：《致郭有守》，顾永棣编：《徐志摩全集》书信卷，杭州：浙江人民出版社，二〇一五年，第三一九页。

识的好友，时任国民政府教育部次长。"老谢"指谢寿康，戏剧家，曾任中央大学文学院院长。徐志摩逝世后，郭有守把此信交给陆小曼编入《志摩全集》时，在信末加了一个重要的注释："《缘起》指《笔会缘起》，原文甚长，志摩笔迹，存戈公振处，今不知此物尚在否？"①徐志摩这份《笔会缘起》手稿恐早已不存，幸好全文于一九三〇年十一月二十二日刊于天津《大公报》第四版，一九三三年收入章克标著、上海绿杨堂版《文坛登龙术》一书，一九八三年又编入香港商务印书馆版《徐志摩全集》第五卷（戏剧书信集）。

徐志摩为什么要写这份《笔会缘起》呢？那就是当时在京沪的以新文学家为主的一批作家开始酝酿筹组中国笔会了。在徐志摩致郭有守此信之前，"那晚签名的十人"已议过此事，打算在此基础上再增加"十人左右"作为发起人，召开中国笔会发起人会。显然，徐志摩与胡适一起是其中的核心人物，他为即将举行的发起人会起草了这份《笔会缘起》。三天之后的五月十二日，中国笔会发起人会在上海举行，次日《申报》以《笔会发起人会》为题作了正式报道：

---

① 徐志摩：《致郭有守》，顾永棣编：《徐志摩全集》书信卷，第三一九至三二〇页。

蔡孑民、胡适、叶玉虎、杨杏佛、谢寿康、徐志摩、林语堂、邵洵美、郑振铎、郭有守、唐腴庐、戈公振等君，昨在华安大厦开笔社发起人会，缘发起人中人，多数系海外笔会会员，故在国内亦拟有此组织。席间，由胡适之博士说明发起经过，次通过章程，会址暂设亚尔培路二百零三号，《缘起》由徐志摩君拟就。

按理，既然上述十二位发起人已开会商议，通过章程和《缘起》，并发了消息，中国笔会的成立，应指日可待。不料，到了一九三〇年十月二十日，即发起人会召开五个多月后，徐志摩致郭有守信中还在提中国笔会成立之事：

适之有信来，要我们主催笔会，但彼归期，度亦不远，即待之，则待其归而行矣，想足下亦必同意也。①

————————
① 徐志摩：《致郭有守》，顾永棣编：《徐志摩全集》书信卷，第三二〇页。

从此信可知，当时胡适在北京，徐志摩计划待其南归后，正式"主催"中国笔会成立。果然，一九三〇年十一月十六日，中国笔会终于在上海宣告成立。同年十一月十九日上海《时事新报》以《笔会之成立》为题作了详细报道：

笔会之组织系蔡子民、杨杏佛、胡适之、曾孟朴、叶誉纬［虎］、宗白华、徐志摩、戈公振、谢寿候［康］、林语堂、郑振铎、邵简［洵］美、唐瘦［腴］庐、郭有守诸君所发起，曾选开筹备会，上星期日下午四时，在华安八楼开成立会，除发起人外，到有宋春舫、杨哲子、赵景深、章克标、罗隆基、李青崖、王国华、吴德生、沈亮君等，公推胡适之主席致词，谓五年前在英伦受彼邦笔会之招待，即有组织中国笔会之动机，迨返国内，觉著作家非常散漫，竟搁置至今，近以在外国笔会之会员纷纷言归，乃旧事重提，且以著作家之散漫，更有从早组织之必要，俾思想不同者常得联欢一堂，此在《缘起》中曾切实言之。又本年世界笔会在波兰开会，知中国在组织，亦希望能有代表参与，临时乃与蔡子民诸先生商定，请郭子雄君就近出席，其报告书已寄到，容再发表，此应请会中追认者。次宣读章程，稍有修改，遂通告［过］。复

一九三〇年十一月十六日中国笔会在上海成立会照

次选举理事七人，蔡子民、叶誉纬〔虎〕、徐志摩、郑振铎、邵简〔洵〕美、戈公振、郭有守七君当选，又互选蔡子民君为理事长，戈公振为书记，邵简〔洵〕美君为会计，乃用茶点而散。

经查十一月十九日是星期三，报道中所说的"上星期日"正是十一月十六日。十一月二十二日，天津《大公报》也刊登了《笔会中国总会成立》的消息。不仅如此，十一月三十日《申报图画周刊》第二十九期又刊出中国笔会成立会照片，会议主席胡适端坐会桌中央，其右侧第二、三人分别为徐志摩和邵洵美，从而为这一历史瞬间留下了一个宝贵的记录。

二

对于中国笔会，徐志摩的陈义很高，在他起草的颇具文采的《笔会缘起》中有明确的表达：

我们现在发起组织中国笔会的一个明显的意思当然是借此我们的作家可以与全世界的作家有一个友谊的联络，并且享到因此得来的种种利便。但我们同时还有一个也许更深切一些的意思，那就是我们看了近年来国内文学界的分裂又分裂，乃至相与敌对相与寻仇的现象，觉得有些寒心，这笔会的组织，或许可以造成一个中性的调剂的势力，所谓各系各派的成见与误解或许可以由此消灭，更正确的文学的任务或许可以由此提醒。

徐志摩接着援引巴比塞、高尔基、萧伯纳、威尔斯等"在时代思想的前面站着的"大作家和"保守的或右翼的作家一样欣欣然的加入笔会的活动"为例，呼吁中国"各派的作家放宽一些度量，让我们至少在这一件事上彼此不时有一个友谊的聚晤的机会，至少在这一件事上彼此可以把一切的'不同'和'差异'

暂时放在一边。这样也许可以节省许多在彼此无谓的斗争中的一些精力，移向更近人情的事业不更好吗？"最后，徐志摩表示，"谦卑的，诚恳的，邀请国内的作家加入"中国笔会。[1] 他这些话说得很坦率，很真诚，显然不是无的放矢，而是有所指的。

一九三〇年三月，中国左翼作家联盟在上海成立，大力倡导无产阶级革命文学。三个月后，"民族主义文学家"发表《民族主义文艺运动宣言》，直接与左翼文学运动对抗。而在此前后，新月派文学家既反对左翼作家的文学主张，梁实秋还和鲁迅展开了激烈的论战，同时又对国民党当局的许多做法表示不满。在这种形势下，徐志摩希望各派作家抛开争论，消除成见，互相合作，共同组织中国笔会，就天真得有点可爱了。就左翼作家这方面而言，有足够的理由不加入中国笔会，因为他们中不少人正在遭受当局的种种压迫，处于地下或半地下状态，不可能参加公开组织的笔会，此其一；徐志摩所主张的各派之间的论战属于"无谓的斗争"，是"相与敌对，相与寻仇"，也不能为坚持原则立场的左翼作家所接受，此其二；当时在苏联设

---

[1]　以上三段引文均引自徐志摩：《笔会缘起》，顾永棣编：《徐志摩全集》散文卷，第三九四至三九五页。

有革命作家国际局（一九三○年十一月改为国际革命作家联盟），中国左翼作家联盟成立后很自然地与之建立联系而不愿与国际笔会及其中国分会发生关系，此其三。所以，徐志摩的想法固然出于好意，实际上却难以办到。

事实果真如此。上引徐志摩一九三○年五月九日致郭有守信中提到拟邀请二十位左右能够"代表各方面"的作家列名中国笔会发起人，与笔会《缘起》所主张是相一致的，即徐志摩打算尽可能地争取包括左翼作家在内的各派作家共同发起中国笔会，以扩大中国笔会的代表性，提升中国笔会的威望。可是临到五月十二日举行发起人会那天，到会者仅十二位，至少有七八位被邀者不曾与会。现在当然已无从猜测徐志摩当初还打算或已邀请了哪些人，但缺席者中包括左翼或接近左翼的作家代表恐不会错。

同年十一月十六日中国笔会正式成立时，再次公布的发起人为十四位，除了五月十三日公布的徐志摩和蔡元培、胡适、杨杏佛、叶誉虎、戈公振、谢寿康、林语堂、郑振铎、邵洵美、唐腴庐、郭有守等十二位，新增曾孟朴、宗白华两位，后来在《文坛登龙术》刊出的《笔会缘起》所附发起人名单，也是这十四位。因此，中国笔会的正式发起人正是这十四位，应确切无误，代表性也确实有所扩大。但徐志摩的初衷仍未能达到。

平心而论，中国笔会大部分发起人是当时中国文学界的俊彦，蔡元培与胡适的地位和影响自不必说，徐志摩是新月派代表，郑振铎是文学研究会发起人，林语堂是语丝派骨干（后创办《论语》成为论语派首领），邵洵美先主持狮吼社后又加盟新月派，宗白华曾主编五四"四大副刊"的《时事新报·学灯》，曾孟朴既是近代小说大家又是真美善社主帅，戈公振是新闻记者的翘楚，等等。当然，毋庸讳言，叶恭绰、杨杏佛、郭有守、谢寿康，以至蔡元培本人当时都在政府机关中任职，从表面上看，中国笔会一部分发起人毕竟带有或浓或淡的官方色彩，因此，左翼作家从一开始就不参与中国笔会，也就更容易理解了。

尽管左翼作家不列名发起中国笔会，也不参与中国笔会的活动，甚至在左翼刊物《巴尔底山》上严厉批评中国笔会，[①] 难能可贵的是，自中国笔会成立直至徐志摩逝世，他一直没有放弃邀请左翼作家的努力。中国笔会成立十二天之后，即一九三〇年十一月

---

① 参见戎一：《笔会与聚餐》，《巴尔底山》一九三〇年五月二十一日第一卷第五号，此文认为中国笔会是"资产阶级文人的集合"。

二十八日，胡适就举家北上。又"十多天"之后，徐志摩致信胡适，信中有这样一段话：

> 笔会这星期开会，沈雁冰、达夫等都允到。你在北京亦可着手组织。上海一般文人似乎颇吃醋，有一张攻击我说我一人主办，这是《申报》宣传的反响。我意思以后此项宣传可以无须，我们自己多出几个真够"笔员"的资格者是真的。[1]

这就说明，中国笔会成立之后的第二次聚会，徐志摩邀请了茅盾（沈雁冰）和郁达夫。郁达夫是徐志摩老同学，又经鲁迅提议列名左联发起人之一，茅盾一九三〇年四月初自日本回到上海后即应冯乃超之请参与左联活动，如果他俩参加中国笔会聚会，自是一件大好事，但结果是两人虽已允诺，似均未到会。现存唯一一通徐志摩作于一九三一年三月间的致郁达夫信，信中有"笔会再三相请，未蒙枉驾"句，[2]就是一个有力的旁证。

---

① 徐志摩：《致胡适》，《远山：徐志摩佚作集》，北京：商务印书馆，二〇一八年，第一六三至一六四页。
② 徐志摩：《致郁达夫》，顾永棣编：《徐志摩全集》书信卷，第二一五页。

中国笔会自成立至全面抗战爆发，虽然时断时续，却一直有活动。[1]但是，徐志摩与中国笔会的因缘只有短短一年左右的时间。他对中国笔会的创立发挥了极为重要的作用，中国笔会成立以后的活动他依然是积极的参与者，正如对徐志摩执弟子礼的赵景深后来所回忆的："四年半的上海生活间，时常在笔会上和其他宴会席上遇见徐师"。[2]可惜，现能查到的确切的文字记载并不多。一九三一年八月九日，中国笔会举行常会，改选理事，徐志摩到会了，同年九月出版的《新时代月刊》第一卷第二期对此报导甚详：

世界笔会中国分会，于八月九日在北京路邓脱摩西餐馆开会，计到会员徐志摩、邵洵美、戈公振、罗隆基、曾今可、曾虚白、孟寿椿、孙大雨、毛壮侯、王景岐、梁得所、孙席珍、赵景深、郑振铎，及应五二女士等。改选理事，当选者为邵洵美、郑振铎、孟寿椿三君。

----

① 参见陈子善：《国际笔会中国分会活动考（一九三〇——一九三七》，《文人事》，杭州：浙江文艺出版社，一九九八年。
② 赵景深：《徐志摩》，《文人印象》，上海：北新书局，一九四六年。转引自《现代文人剪影》，武汉：湖北人民出版社，二〇〇九年，第五十九页。

从该报导看，徐志摩不再担任中国笔会理事，这或与他那时已去北京大学执教，不常在上海有关。但他对中国笔会会务仍相当热心，同年十一月一日，他在致郭有守之弟、正在英国留学的郭子雄的信中说：

你的"笔会报告"已寄《新月》，不知四卷一号赶得及否？国内笔会情形实不甚佳妙。北方朋友因多愁怅之思，至今还不曾组织分会。我怕得你回来才能鼓起兴会，目前更谈不到文化事业。终日偃蹇，谁都不得舒服。①

由此足见徐志摩对中国笔会不能进一步开展活动深怀忧虑。然而，谁又能料到，当郭子雄生动记述国际笔会第九次年会的长文《在荷兰：笔会第九次年会纪事》在一九三二年二月《新月》第四卷第一期上刊出时，徐志摩已与中国笔会永别，该期《新月》已成了"志摩纪念号"。

----

① 徐志摩：《致郭子雄》，顾永棣编：《徐志摩全集》书信卷，第三一七页。

三

徐志摩的突然去世是中国笔会的一个重大损失。徐志摩空难三天之后，中国笔会就集会沉痛哀悼这位发起人，十一月三十日上海《文艺新闻》第三十八号和十二月《新时代月刊》第一卷第五期分别作了报导，前者标题为《诗卷晦新月　笔会悼长空》，后者"文坛消息"专栏《笔会近讯》中对此记述较详，转录如下：

笔会日前假大西洋番菜社开常会，到叶恭绰、章士钊、程演生、赵景深、曾今可、戈公振、孟寿椿、汪翰章、罗隆基、曾虚白、宋春舫、陈志群、邬翰芳、沈旭庵及王右家、应德蕙［蕙德］女士等。因理事长蔡元培出席第四次全国代表大会，公推孟寿椿为临时主席，首由主席报告接到伦敦等处笔会寄来会刊信件等，继全体为笔会发起人徐志摩遇难静默三分钟志哀，后议决出版《笔会会刊》，第一期为《纪念徐志摩先生特刊》，限一星期内集稿云。

不知为什么，中国笔会的纪念徐志摩特刊后来未见出版，这无疑是很遗憾的事。但笔会不少发起人、理事和会员纷纷撰文纪念徐志摩。对徐志摩创办中国笔会的良苦用心，有一位作家看得最清楚，那就是笔会另一位发起人郑振铎。他在《悼徐志摩》中说过一大段话，对徐志摩"发起'笔会'"的种种做法给予极高的评价。这段话一直未引起徐志摩研究者应有的关注，因此有必要照录如下：

志摩是一位最可交的朋友，凡是和他见过面的人，都要这样说。

他宽容，他包纳一切，他无心机，这使他对于任何方面都显得可以相融洽。他鼓励，他欣赏，他赞扬任何派别的文学，受他诱掖的文人可真是不少！人家误会他，他并不生气，人家责骂他，他也能宽容他们。诗人、小说家都是度量狭小得令人可怕的，志摩却超出于一切的常例之外，他的度量的渊渊，颇令人难测其深处。

他在上海发起"笔会"。他的主旨便在使文人们不要耗费时力于因不相谅解而起的争斗之中。他颇想招致任何派别的文学家，使之聚会于一堂，俾得消泯一切无谓的误会。他很希望上海的"左翼"文人们，也加入这个团体。同时，连久已被人唾弃的"礼拜六"派的通俗文士们他也想招致。虽然结果未必能够如他意，然他的心力却已费得不少了。

在当代的文坛上，像他那样的不具有"派别"的旗帜与偏见的，能够融洽一切，宽容一切的，我还没见过第二个人。

他是一位很早的文学研究会的会员，但他同别的会社也并不是没有相当的联络；他是一位新月社的最努力的社员，但他对于新月社以外的文学运动，也还不失去其参加的兴趣。

他只知道"文学"，他只知道为"文学"而努力，他的动机和兴趣都是异常的纯一的，所以他决不会成为一位偏执的人。[1]

从上文的梳理已不难看出，中国笔会成立以后一直以"文学研究会、新月社、真美善社、论语社这四社社员为主要分子"。[2]但郑振铎是知情人，他公开披露徐志摩始终为各种派别的文学家，尤其是"上海的'左翼'文人们"和"'礼拜六派'的通俗文士们"都能参与中国笔会费尽心力，并对此举给予了充分的肯定。十五年后，中国笔会另一位参与者赵景深在《笔会的一群》中也不忘加上重要的一句："当时笔会曾邀

①　郑振铎：《悼志摩》，北平：《北平晨报·学园》，一九三一年十二月八日。
②　赵景深：《笔会的一群》，《文人印象》，上海：北新书局，一九四六年。转引自《现代文人剪影》，第一〇五页。

请思想前进的作家加入，结果是不曾达到愿望。"① 所以，今天在回顾徐志摩参与创建中国笔会所作出的贡献时，这一点必须予以强调。

由于当时错综复杂的历史环境和文坛情势，尽管再三努力，徐志摩争取左翼作家加入中国笔会的良好愿望仍无法实现，但这并不意味着徐志摩与左翼作家没有其他形式的合作。而今已知他介绍史沫特莱认识茅盾；② 他在左联机关刊物《北斗》发表诗作《雁儿们》；③ 他参与营救左翼作家胡也频，在胡也频遇害之后又创作了小说《珰女士》，④ 等等，都是明证。徐志摩大概是新月派中唯一与左翼文学有过合作的作家，这一点也是必须指出的。

还应该补充的是，一九三六年十月，《文艺界同人为团结御侮与言论自由宣言》在上海发表，⑤ 鲁迅、郭沫若、郑振铎、谢冰心、林语堂、巴金等与包天笑、

---

① 赵景深：《笔会的一群》，《文人印象》，上海：北新书局，一九四六年。转引自《现代文人剪影》，第一〇三页。
② 参见查国华：《茅盾生平著译年表》，《茅盾全集》附集，北京：人民文学出版社，二〇〇一年，第八十一页。
③ 徐志摩：《雁儿们》，《北斗》一九三一年九月创刊号。
④ 徐志摩参与营救胡也频之事，参见邵华强：《徐志摩年谱简编》，《徐志摩研究资料》，西安：陕西人民出版社，一九八八年，第六十五页。徐志摩：《珰女士》，《新月》一九三一年九月第三卷第十一期，未完。
⑤ 《文艺界同人为团结御侮与言论自由宣言》，《文学》一九三六年十月第七卷第四号。

周瘦鹃一起联署；一九三八年三月，包含各种政治倾向和文学派别的作家、成员更为广泛的中华全国文艺界抗敌协会在武汉成立，从某种意义上讲，不正是徐志摩当年倡导的中国笔会精神在新的历史条件下的延续和拓展吗？总之，爬梳徐志摩与国际笔会中国分会关系的始末，给我们后人的启示是多方面的。

徐志摩与平社

一九二九年三月十日出版的上海《新月》第二卷第一号的《编辑后言》，以前一直不为徐志摩和新月派研究者所注意，其实十分重要。因为这篇《编辑后言》中透露了一个重要的信息，即在上海的"新月"同人拟在文学性的《新月》月刊之外，再创办一份思想性和批评性的刊物《平论》。现先把这篇《编辑后言》中相关内容照录如下：

这年头难得有满意的事。这一年来《新月》有否在读者们的心里留下一些痕迹？这话单一提起我们负责编辑的人便觉得惶愧。如同别的刊物一样，在开始时本刊同人也曾有过一点小小的志愿，但提到志愿我们觉得难受。不说也罢，反正是病象，原委是疏 [诉] 说不清的。痉挛性的兴奋，我们现在明白，是没有用的；这是虚弱不是强健的表见 [现]。我们再不敢说夸口一类的话：因为即使朋友们姑息，我们自己先就不能满意于我们以往的工作。我们本想为这时代，为这时代的青年，贡献一个努力的目标：建设一个健康与尊严的人生，但我们微薄的呼声如何能在这闹市里希冀散布到遥远？我们是不会使用传声喇叭的，也不会相机占得一个便利于呐喊的地位，更没有适宜于呐喊的天赋佳嗓：这里只是站立在时代的低洼里的几个多少不合时宜的书生。他们的声音，即使偶尔听得到，正如他们的思想，决不是惊人的一道，无非是几句平正的话表示一个平正的观点，再没有别的——。因此为便于发表我们偶尔想说的"平"话，我们几个朋友决定在这月刊外（这是专载长篇创作与论著的）提另出一周刊或旬刊，取名《平论》（由平论社刊行），不久即可与读者们相见。我们希望藉此可以多结识几个同情的读者，藉此我们也希冀惕厉我们几于性成的懒散。在本刊与未来的周刊或旬刊上，我们一致欢迎外稿，得到纯凭精神相感召的朋友是一个莫大的愉快。

显而易见，这篇《编辑后言》预告一个新的"平论社"即将创办一份想说说"平正的话"、表达"平正"的观点的《平论》，也预示了后来的平社之所以命名为平社的原因。按《编辑后言》作者的设想，《新月》是"专载长篇创作与论著"（其实《新月》也刊登短诗和短篇小说等），是文学性刊物，而《平论》则承担发表思想及批评性论述的新使命。

这篇《编辑后言》的执笔者正是徐志摩。且不说文中"健康与尊严的人生"等话本来就是徐志摩在《新月》发刊词《〈新月〉的态度》中的原话，更因为这期《新月》，虽然编辑者署"徐志摩 闻一多 饶孟侃"三人之名，实际上是徐志摩一人编辑，正如梁实秋后来所回忆的：《新月》"编辑人列徐志摩、饶子离、闻一多三个人。事实上饶子离任上海市政府秘书，整天的忙，一多在南京，负责主编的只是志摩一人。"[1] 因此，这篇《编辑后言》应该作为佚文补入《徐志摩全集》。

在这篇《编辑后言》发表前两天，也即一九二九年三月八日，徐志摩在致画家刘海粟的信中也说到《平论》："适之已回，四月起决出《平论》周刊。大家

---

[1] 梁实秋：《谈闻一多》，《梁实秋文学回忆录》，长沙：岳麓书社，一九八九年，第三〇七页。

来认真说话"。[①] 不仅可以作为此文出自徐志摩手笔的旁证，也可见徐志摩当时对出版《平论》充满信心。

徐志摩是创办《平论》的与有力者，遗憾的是，关于《平论》、"平论社"和后来的平社，除了这篇《编辑后言》、致刘海粟函和后面会提到的另一篇短小的《新月》之《编辑后言》，他没有留下更多的公开的文字。值得庆幸的是，在胡适和林语堂这一时期的日记中，可以找出不少徐志摩与《平论》和平社相关的记载，依日期先后略作梳理和解说。

一九二九年三月二十五日胡适日记云：

作《平论》周刊的发刊词，只有一千六七百字。

《平论》是我们几个朋友想办的一个刊物。去年就想办此报，延搁到于今。

《平论》的人员是志摩、梁实秋、罗隆基（努生）、叶公超、丁西林。

本想叫罗努生做总编辑，前两天他们来逼我任此事。此事大不易，人才太少；我虽做了发刊辞，心却

① 徐志摩：《致刘海粟》，《远山：徐志摩佚作集》，北京：商务印书馆，二〇一八年，第一七七页。

不很热。 ^①

一九二九年三月二十九日胡适日记云：

上星期六（廿三），志摩、实秋、罗努生、张禹九来劝我担任《平论》周刊的总编辑。我再三推辞，后来只得对他们说："我们姑且想像四月一日出第一期，大家都做点文章，下星期五在禹九家会齐交卷，看看像不像可以出个报的样子。"

前几天，我做了一篇发刊宣言。

今天大家会齐了，稿子都有一点，但斤两似不很重。大家的意思还是主张要办一个报，并且要即日出版。今天的决定是四月十日出第一期。

我对于此事，终于有点狐疑。志摩说："我们责无旁贷，我们总算有点脑子，肯去想想。"我说："我们这几个人怕也不见得能有工夫替国家大问题想想罢？志摩你一天能有多少工夫想想？实秋、努生都要教书，有多大工夫想？我自己工夫虽多，怕也没心绪去想政治问题。所以那班党国要人固然没工夫想，我们自己

① 胡适：《胡适日记全编》第五册，合肥：安徽教育出版社，二〇〇一年。以下所引胡适一九二九年至一九三一年日记，均出自该卷，不再一一注明。

也不见得有想的工夫罢？"

从这两则胡适日记可知，胡适已为《平论》撰写了发刊词，即后来未能发表但手稿幸存的《我们要我们的自由》，[①]《平论》创刊号的出版时间也已定为一九二九年四月十日。作为发起人之一，徐志摩还信心百倍，声称"我们责无旁贷"。但，结果是《平论》并未诞生。同年四月十日《新月》第二卷第二号的《编辑后言》宣布：

上期预告的《平论周刊》一时仍不能出版。这消息或许要使少数盼望它的朋友们失望，正如我们自己也感到怅惘。但此后的《新月》月刊，在《平论》未出时，想在思想及批评方面多发表一些文字，多少可见我们少数抱残守阙人的见解。我们欢迎讨论的来件（我们本有"我们的朋友"一栏），如果我们能知道在思想的方向上，至少我们并不是完全的孤单，那我们当然是极愿意加紧一步向着争自由与自由的大道上走去。

---

① 胡适：《我们要我们的自由》，《胡适遗稿及秘藏书信》第十二册，合肥：黄山书社，一九九四年，第二十五至三十三页。

这则《编辑后言》极有可能也是出自徐志摩手笔。这一期的编辑中，闻一多不再具名，又增加了梁实秋、潘光旦和叶公超三位，但实际在具体编辑的应仍是徐志摩一人。而且，就从这一期开始，《新月》接连发表了胡适的《人权与约法》《我们什么时候才可有宪法》、梁实秋的《论思想统一》、罗隆基的《论人权》等一系列"思想及批评方面"的文字，至少使徐志摩和胡适等拟办《平论》的初衷用另一种方式得以部分实现。更值得注意的是，《平论》虽然夭折，平社却应运而生了。

一九二九年四月二十一日胡适日记云：

平社第一次聚餐，在我家中，到者梁实秋、徐志摩、罗隆基、丁燮林、叶公超、吴泽霖。共七人。

一九二九年四月二十七日胡适日记云：

平社第二次聚餐，到者九人。（第一次七人，加潘光旦、张禹九。）

一九二九年五月十一日胡适日记云：

平社第四次聚餐，在范园，到者志摩、禹九、光旦、泽霖、公超、努生、适之。

努生述英国 Fabian Society 的历史，我因此发起请同人各预备一篇论文，总题为"中国问题"，每人担任一方面，分期提出讨论，合刊为一部书。

平社第三次聚会，胡适日记失记。但从这三则日记已可知，平社正式成立于一九二九年四月二十一日，徐志摩和胡适、梁实秋、罗隆基（努生）、丁燮林（丁西林）、叶公超、吴泽霖、潘光旦和张禹九九人为主要成员。平社开始时的活动大致每周一次，至少前四次中的三次徐志摩每次都到了。

一九二九年五月十四日胡适日记云：

平社中国问题研究日期单

题　目	姓　名	日　期
从种族上	潘光旦	五月十八日
从社会上	吴泽霖	五月廿五日
从经济上	唐庆增	六月一日
从科学上	丁西林	六月八日
从思想上	胡适之	六月十五日
从文学上	徐志摩	六月廿二日

从道德上	梁实秋	六月廿九日
从教育上	叶崇智	七月六日
从财政上	徐新六	七月十三日
从政治上	罗隆基	七月二十日
从国际上	张嘉森	七月廿七日
从法律上	黄 华	八月三日

这是胡适所拟的平社聚会"中国问题研究"讨论题和进度表，内容丰富，涉及中国政治、经济、社会、文化等众多方面，当然，新诗人徐志摩将"从文学上"谈论"中国问题"。

一九二九年五月十九日胡适日记云：

平社在范园聚餐。上次我们决定从各方面讨论"中国问题"每人任一方面。潘光旦先生任第一方面，"从种族上"，他从数量质量等等方面看，认中国民族根本上大有危险，数量上并不增加，而质量上也不如日本，更不如英美。他的根据很可靠，见解很透辟，条理很清晰。如果平社的论文都能保持这样高的标准，平社的组织可算一大成功了。

五月十九日这次活动应是平社的第五次聚会，"平社中国问题研究"讨论会启动，由潘光旦依胡适所拟题目首讲。

一九二九年五月二十六日胡适日记云：

平社在范园聚餐。吴泽霖先生讲"从社会学上看中国问题"。他提出两点：一是价值，一是态度，既不周详，又不透切，皆是老生常谈而已，远不如潘光旦先生上次的论文。

一九二九年六月二日胡适日记云：

晚六点半，平社在范园聚餐，唐庆增先生讲"从经济上看中国问题"，他把问题看错了，只看作"中国工商业为什么不发达"，故今天的论文殊不佳。

他指出中国旧有的经济思想足以阻碍现代社会的经济组织的发达，颇有点价值。

上述三次平社讨论"中国问题"的活动，具体到会者胡适日记均未记。因此，徐志摩是否到会，也无从确知。但从常理推测，作为主要成员，徐志摩应该到会。

一九二九年六月十六日胡适日记云：

平社聚餐，到的只有实秋、志摩、努生、刘英士几个人，几不成会。任叔永昨天从北京来，我邀他加入。

平社这次聚会较为重要。按胡适的"平社中国问题研究"计划安排，这次应是他自己"从思想上"主讲"中国问题"，虽然比预定日期推迟了一天。有点可惜的是，这次聚会到者寥寥，"几不成会"，幸好讲稿《从思想上看中国问题》保存下来了。[①] 徐志摩的名字再次出现在此日胡适日记中，证明他此次准时到会，这本是意料之中的事。

此后，平社的活动似处于停顿状态（或偶有活动，但胡适日记失记），直到七个多月以后才恢复。一九三〇年二月四日胡适日记云：

平社今年第一次聚餐在我家举行，到者新六、西林、实秋、英士、光旦、努生、沈有乾，客人有闻一多、宋春舫。决定下次聚餐在十一日，由努生与英士辩论"民治制度"。这样开始不算坏。

——————————

① 胡适：《从思想上看中国问题》，《胡适遗稿及秘藏书信》第十二册，合肥：黄山书社，一九九四年，第一五四至一六四页。

平社一九三〇年首次活动，胡适日记所列出席者名单中，没有徐志摩名字，这是首次有明确记载的徐志摩缺席平社活动，很可能徐志摩当时不在上海。

然而，作为平社的发起人之一和主要成员，徐志摩的缺席活动应该只是偶然的吧。一周以后，平社后期重要成员林语堂出场了。一九三〇年二月十一日林语堂日记云：

> 晚适之请平社，讨论民治问题。[①]

这是林语堂日记中首次出现平社，他是应胡适之请参加平社活动的。同一天胡适日记则云：

> 平社在我家中聚餐，讨论题为"民治制度"，刘英士反对，罗努生赞成，皆似不曾搔着痒处。……

林语堂日记中第二次出现平社是一九三〇年三月一日，而且与徐志摩直接相关，虽然只有短短一句话：

[①] 林语堂：一九三〇年日记。原日记由私人收藏，以下所引林语堂此年日记，均出自该册日记影印本，不再一一注明。

平社在志摩家讲伴侣结婚。

　　平社这次活动换到了徐志摩寓所，林语堂参加了，徐志摩本人自然也在场。本来按照胡适"平社中国问题研究"计划的安排，徐志摩应继他之后"从文学上"主讲"中国问题"，但徐志摩讲过没有，如讲过又是何时和如何讲的？这次"讲伴侣结婚"，是徐志摩改讲新题还是第二次讲，或者另由他人主讲？均不清楚。不过，徐志摩是中国首位登报声明离婚的新文学作家，又有数次恋爱和两次结婚的经验，平社在他寓所"讲伴侣结婚"可谓别有意义，如是他本人主讲，更是现身说法，想必很精彩。胡适很可能没有参加这次平社聚会，他当天日记只记了"索克思约晚餐，客为 Mr. & Mrs. Field"，并记下了相关感想。

　　此后，胡适日记有过中断。但从林语堂日记可知，一九三〇年三月以后，平社的聚会仍在继续，至少有如下数次：

　　（三月）十五日　平社。潘谈话关于天才。见 Agnes Smedley……

　　（三月）廿九日　平社 Miss Smedley 讲印度政治活动。

（四月）十二日　晚平社在适之家谈革命与反革命，极有趣。

（五月）十日　晚在平社讲谈"制度与民性"论文。

（六月）二十一日　晚平社。在有［元］任家，适之由北平回来，主张"干政治"。

（七月）二十四日　晚平社，潘光旦谈论文《人文选择与中华民族》。

七月二十四日这一次是林语堂日记中关于平社的最后一次记载。幸好胡适恢复日记后，日记中又记载了平社的三次活动，其中二次林语堂日记失记，可能他并未参加。这三次活动是：

（七月二十四日）　平社在我家开会，潘光旦谈论文，题为《人为选择与民族改良》，他注重优生学的选择方法，并承认旧日选举和科举制度在人为选择上的贡献。他的论文很好，但见解也不无稍偏之处。

（八月三十一日）　平社聚餐，沈有乾读一篇论文，讨论教育问题，不甚满意。

（十一月二日）　平社聚餐，全增嘏读一文，《宗教与革命》，甚好。

总之，从一九三〇年二月至十一月，平社至少又举行了八次聚会，研讨了不少政治和学术问题。那么，徐志摩参加过其中多少次聚会呢，又发挥了什么作用呢？由于林语堂日记和胡适日记中均无明确记载，已难以推测，这当然是十分遗憾的事。不过，有一个有力的旁证说明徐志摩一直关心平社，以推动平社活动为己任。一九三〇年十一月二十八日，胡适举家迁居北平，不久出任北京大学文学院院长兼国文学系主任。随着胡适的离沪，上海平社也随之风流云散。胡适离沪十多天后，徐志摩就有一信致胡适：

适之兄嫂：

　　你们去了十多天，还不曾通信，一切想都安好。北京对你们的欢迎是可想而知的，上海少了适之，就少了狠多，平社比方说就不曾开过会。……

　　徐志摩在此信中特意提到平社，以胡适离去、平社活动基本中止 [①] 而表示惋惜。这就再次表明平社在

[①]　一九三一年一月，为"中华文化基金董事会第五次常会事"，胡适返沪。一月十一日胡适日记云："平社在禹九家聚餐，本日无论文。"这是关于平社活动的最后一次文字记载。但此时徐志摩在北京，未与会。

徐志摩心目中的地位和他对平社活动的重视。

平社实际存在时间仅一年半左右。与当年北京的新月社一样，平社没有正式的成立宣言和结社宗旨之类，活动形式多为"聚餐"，当时外界大都不知道有这么一个平社的存在。因此，平社是一个松散的具有学术研讨性质的跨学科的中国自由主义知识分子社团，某种意义上具有学术沙龙的性质。平社在多次聚会中，从各个角度讨论"中国问题"，其中部分讨论成果在《新月》刊登，[①] 产生了一定的学术和社会影响。

有必要特别指出的是，平社成员是以在上海的新月派同人为骨干的，[②] 扩大至人文社会科学领域各个专业的学者，而徐志摩与胡适一起，在其中扮演了极为重要的角色。徐志摩是创办《平论》的倡导者，作为创始人之一，他也是平社活动的积极参与者，与胡适一样，他对平社也功不可没。徐志摩曾被误读为一个

[①] 据不完全统计，在平社聚会上讨论的主题发言，后来修改后发表于《新月》的，有潘光旦《论才丁两旺》（第二卷第四号）、罗隆基《论人权》（第二卷第五号）、胡适《我们走那条路？》（第二卷第十号）、潘光旦《人文选择与中华民族》（第三卷第二期）、全增嘏《宗教与革命》（第三卷第三期）等。以平社讨论"中国问题"的论文为主编成的论文集《中国问题》后于一九三二年八月由上海新月书店出版。

[②] 据胡适日记，一九三〇年二月四日平社活动，闻一多是"客人"。闻一多是新月派代表诗人，又曾是《新月》主编之一，但他当时不在上海，所以只能以"客人"身份与会，可见平社对社员身份的认定还是有一定限制。

"风花雪月"的诗人，随着他与平社的关系得到初步梳理，可以证明徐志摩是一位关心"中国问题"、对国家对社会有责任感的新诗人。

四

音乐会奇缘：徐志摩、林徽因与克赖斯勒

　　在为数不多的热爱西洋古典音乐的中国现代作家中，徐志摩是特别引人注目的一位。负笈英伦期间，他就观赏了德国作曲家 W.R. 瓦格纳（一八一三至一八八三）的歌剧，于一九二二年五月二十五日写下《听槐格讷（Wagner）乐剧》一诗，后发表于一九二三年三月十日上海《时事新报·学灯》，诗末他高度赞美瓦格纳：

　　性灵，愤怒，慷慨，悲哀，

　　管弦运化，金革调合，

　　创制了无双的乐剧，

　　革音革心的槐格讷！

两年以后，徐志摩重游欧洲，一九二五年六月二十五日在翡冷翠致陆小曼的信中又说：

　　昨晚去听了一个 Opera 叫 Tristan et Isolde。音乐，唱都好，我听着浑身只发冷劲，第三幕 Tristan 快死的时候，Iso 从海湾里转出来拼了命来找她的情人，穿一身浅蓝带长袖的罗衫——我只当是我自己的小龙①赶着我不曾脱气的时候，来搂抱我的躯壳与灵魂——那一阵子寒冰刺骨似的冷，我真的变了戏里的 Tristan 了！

　　那本戏是出名的"情死"剧，Love Death，Tristan 与 Isolde 因为不能在这世界上实现爱，他们就死，到死里去实现更绝对的爱，伟大极了，猖狂极了，真是"惊天动地"的概念，"惊心动魄"的音乐。

　　徐志摩写下这段话，固然是触景生情，想到了与陆小曼的恋情一波三折，从而对瓦格纳名剧《特里斯坦与伊索尔德》"到死里去实现更绝对的爱"产生强烈共鸣，但他被此剧音乐所深深吸引，以"惊心动魄"喻之，也是不争的事实。

————————

① 指陆小曼。

徐志摩一九二五年摄于意大利翡冷翠，
以及照片背面致母亲的信。

不仅如此，徐志摩还在名篇《我所知道的康桥》中以"萧班（Chopin，肖邦）的《夜曲》"比喻剑桥康河两岸建筑"脱尽尘埃气的一种清澈秀逸的意境"；在《济慈的夜莺歌》中建议读者聆听"贝德花芬（贝多芬）的第六个'芯芳南'（The Pastoral Symphony，即《田园交响曲》）"，因为其中有"夜莺的歌声"；在悼念次子的《我的彼得》中说爱子"有的是可惊的口味，是贝德花芬是槐格讷你就爱"，还提到了"毛赞德（Mozart）"。凡此种种，都进一步说明徐志摩对西方古典音乐涉猎之广，理解之深。

明乎此，那么对徐志摩一九二三年五月间在北京一手促成奥地利著名小提琴家 F. 克赖斯勒（一八七五至一九六二）为中国听众演出，也就不会感到奇怪了。这个史实是林徽因首次披露的。徐志摩"云游"之后，林徽因于一九三一年十二月七日在《北平晨报·学园》发表《悼志摩》，其中说：

对于音乐，中西的他[①]都爱好，不止爱好，他那种热心便唤醒过北京一次——也许唯一的一次——对音乐的注意。谁也忘不了那一年，克拉斯拉到北京在"真光"拉一个多钟头的提琴。

五年之后，徐志摩友人温源宁所作《徐志摩——一个大孩子》的中译在《逸经》第八期发表，文中说到徐志摩"像小孩搬弄玩具似的玩玩这样，玩玩那样"时，也特别提到"爱尔兰文艺复兴，泰戈尔，梁启超，塞尚（Cézanne）的素描，辟卡梭（Picasso）的油画，梅兰芳，克赖斯勒（Kreisler）——这些都曾给他无穷的快乐"。

---

① 指徐志摩。

然而，无论林徽因还是温源宁的回忆，都未引起应有的关注。徐志摩留英归国之后在北京主催并得到林徽因协助的这次颇为成功的中外文化交流活动，一直未得到徐志摩和现代文学研究界较为全面的梳理。

一九二三年五月三日、五日至七日，北京《晨报副刊》连载徐志摩的长文《得林克华德的〈林肯〉》，评论美国霍路会（W. E. Holloway）的剧团在北京公演英国诗人得林克华德的历史剧《林肯》，文中批评中国观众尤其是青年学子对"真艺术真戏剧"的"杰作"《林肯》不够热情。五日连载时徐志摩在文中插入如下一段：

乘便我可以报告不久有大手琴家克拉士勒 Kreisler 来京，他是近代有数的音乐大天才，爱真音乐的人，千万不可错过这最最难得的好机会。就是你们耗费了半月的薪水去听他一度的弦琴，结果还是你便宜的。

这是徐志摩首次在文章中提到克赖斯勒，虽然略带广告的性质。文中把小提琴家称之为"手琴家"，也颇别致。

一位中国青年诗人与一位外国小提琴大师的奇特因缘，就此开始。

克赖斯勒此次中国之行，到了上海、天津和北京。他在上海的演出盛况，本文不详细讨论，只介绍与徐志摩密切相关的北京之行。一九二三年五月八日北京《晨报》第六版刊登《世界著名手琴家不日来京》的消息，其中说"克氏艺术之价值，曾经徐志摩君于五月五日在本报副刊上略为介绍"。五月十八日《晨报》第六版又发表报道《世界的大音乐家喀拉司拉 中国人领略真正音乐之机会》。此文介绍克氏生平甚详，不但认为他"是一个音乐天才"，而且还突出了他一战期间"四周间之战壕生活"和与美国人哈里埃德在战火中的可贵爱情。

紧接着这篇报道，又有一篇《为什么不？》，文末署"（徐志摩）"。换言之，此文出自徐志摩手笔。经查，迄今各种版本的《徐志摩全集》均未收入此文，此文又是徐志摩的一篇佚文。不过，这并非笔者首见。日本学者伊藤德也在《与耽美派相对立的颓废派：一九二三年的周作人和徐志摩、陈源》[1]中已经提到。可惜他未意识到这是徐志摩的佚文，是一个可喜的发现。由于《为什么不？》的标题与正文字体一样，很容易被忽略，以致徐志摩这篇为欢迎克氏而作的佚文

---

[1]　刊《现代中文学刊》二〇一三年第三期。

埋没长达九十年之久。鉴于此文的重要性，全文照录如下：

"有朋自远方来，不亦乐乎"。西洋来一个外交官，我们开会欢迎；西洋来一个政客，我们开会欢迎；西洋来一个资本家，我们开会欢迎；西洋来一个宗教家，我们开会欢迎；西洋来一个大兵官，我们开会欢迎。罗素说的到中国来的外国人可分三类：来括削我们膏脂的商人，来侵略我们土地的军人，来超度我们灵魂的教士。

最近方才有几位学问家光临，这是中外交通史上的新气象。我们原来是礼让从容的民族，如今感觉了文化的饥荒，益发低首下心的想向西方请益，所以每次有相当欧西文化的代表者来时，至少我们的总商会总教育会总怠惰请吃饭请演说，不论有相当的了解与否。

但我们求知好学的热心，固然可佳，同时我们也应得再深入一层，启发艺术界直接的密切的同情，那时我们才可以知道欧西文化真价值之所在。

所以上次英［美］国霍路会剧团来时不曾引起中国人相当的注意，我个人觉得是可惜极了。

这次又有一个最最难得最最弥贵的机会临到了，

我们再不要让他随便错过才好！

这机会就是欧洲大梵和琳专家（Violinist）喀拉司拉（Kreisler）的初次东来。他才是值得一欢迎的外国人。他是近世音乐界的大天才，音乐又是白种文化的天才最集中最高尚最纯粹的表现。我们若然不曾领略西方的音乐，我们就没有见到欧化的菁华。

我所以郑重的大胆的说。我们是没有真音乐的社会，不要说二黄西皮三六调，就是昆曲丝竹也够不上音乐的名称。

你们听了大"胡琴"家这个名词，若然联想到王玉峰的三弦，或是刘宝全的大鼓，那你们的资格就够得上当现在的中华民国国会议员，因为前天我们有福气听到一位罗汉先生的妙语，他说莎士比亚"算什么会事，他无非是戏馆里的一个案目，他的戏还不如我们林步青的滩潢［簧］哪？"

艺术的目的决不是娱乐，真音乐史不是娱乐；真音乐是人类理想思想和情绪最高粹的外现，神灵的载剌［刺］，灵魂的补剂。

喀拉司拉是一个真大艺术家，他在欧美每次演艺，没有不满座的。他到东方来，真是太难得的机会，独一的机会。

他琴弦上颤动出来的妙音，全世界再没有第二人能奏演的；我们能听他一次，真不知是多大的幸福哪！

他本月二十五二十九在天津，廿六廿八在北京平安，演奏。

座位颇贵，（比比的，但是十二分的值得）头等六元，二等四元，昨天我去看过，四元的早已卖完。六元的也只剩了不到十数。而且我敢断言买票的都是外国人。

我现在有个提议，请注意：——我想我们最好道[设]法请喀拉司拉君特别为我们学界演艺一次。或者我们可以请真光，或新明的主人来主办，我不知道喀君已经到京没有，但我猜想果然我们学界方面有好艺的热心与对他个人的仰慕，他一定肯为我们特别演艺，至少一次。

如其演场大，入场券也可以卖便宜些。最好各校爱音乐的人都出来帮忙，宣传，我很希望我们这次能做到这件事。

徐志摩在文中对"欧化的菁华"的西方古典音乐大加推崇，对中国古代音乐不以为然，批评"我们是没有真音乐的社会"，若放在五四反传统的大背景下，当不难理解。但他认为"真音乐是人类理想思想和情绪最高粹的外现"，确实不无启发。他主张应让国人接触真正的西方优秀文化，历史剧《林肯》在北京演出时，他就以未能实现此剧"专为学界再演一次"的愿望而感到"真太可惜"。因此，这次"真大艺术家"克赖斯勒到京，机不可失，他再次"提议"，在克氏已安排的"座位颇贵"的为外国人的专场演出之外，"最好道〔设〕法请喀拉司拉君特别为我们学界演艺一次"，并且提出了如何实施的具体办法。

此后未见《晨报》的后续报道。直到十天之后，《晨报》第六版又在显著位置刊出报道《今日之喀拉士拉提琴演奏会 中国人听真正音乐之唯一机会》。文中详细披露了徐志摩等人为争取克氏在北京为中国听众演出所作的种种努力：

喀拉士拉提琴 Violin 演奏会，居然今天下午五时至七时，在真光剧场，可以开演，真为中国人莫大幸福！此事经过情形，记者得诸发起人方面消息甚多，今略为读者谈谈。当一部分爱音乐者，闻喀氏将由东京来京时，即曾开一小小谈话会，商量聘请喀氏演奏事。后因喀氏住址不明，只得待其来京后再议。迨喀氏到津，某君即赶赴磋商，前日与喀氏同道来京，始知喀氏一切行程，均已安排妥帖，不能更改，只有今日下午，尚有余暇，如中国人盼其出演，渠亦极愿意。但据喀氏之书记司脱克云：当喀氏月初在上海演奏数次，听者除外人外，未见一华人影子，甚以为怪。何以中国人对艺术趣味如是之薄？及抵日本，在东京大阪各处演奏八日，无日不满座，且听者十分之九为日人，喀氏因此感觉中日文化程度，相差如是之远。故在日时因平安戏院来电相约，拟来京一行，同时始电询真光剧场，有无意思聘请，不幸真光又无复电，故喀氏遂决定在京只留三天（即二十六至二十八日）。抵津之后，始知中国人方面，亦有切望其为华人演奏者，但现时只剩二十八日（即今日）一日白天有时间，如真光能腾出场所，则喀氏当然亦愿将欧洲文化之精粹，介绍华人云云。某君得此消息，立刻走商真光，幸真光主人慨然允诺，谓喀氏既有此盛意，则彼亦愿提供场所，不收费用。两方面既已说妥，此事自可成功。唯其中又生一困难问题，即喀氏之酬金是，喀氏在日本每次出演得酬金三千五百元日金，此次在京津两次，则为三千元华币。嗣经某君与司脱克磋商结果，喀氏愿减价至二千五百元，为华人特演一次。而真光座位尽量不过六百人，每位平均以二元计，得价仅一千二百元，所差尚巨。（而酬金以外之各种费用，亦非五六百元不可。）当由某君及某某两女士竭昨日一日之力，向各方面劝募结果，始能勉强凑成此数，而兹事总算成功。吾人今日得聆此钧天之音，不能不感谢此几位奔走之人也。

之所以不厌其烦录下这段文字，无非为了尽可能真切地还原历史。从中至少可以了解六点：一、为了克赖斯勒此次演出，当时召开过"一小小座谈会"，"爱音乐者"徐志摩既"提议"此事，理应参加。与会者还有谁？不得而知，但林徽因很可能在内。二、"某君"曾特赴天津拜访克氏及其助手，并陪同他们到京。L.P. 洛克纳一九五〇年在纽约出版的克氏英文传记中专门提到克氏对此事的回忆，中文《小提琴之王克莱斯勒画传》[①] 中也有所反映，只是细节上有所出入，访问地点不在天津而在北京：

在北京，我[②] 的第一场音乐会在大使馆里举办，听众基本上都是当地最杰出的白人居民。后来有位中国青年来找我，他的英语说得很好，而且一望而知并不属于高级阶层。他说："我们获悉你只为外国人演

---

① 吴维忠：《小提琴之王克莱斯勒画传》，北京：现代出版社，二〇〇四年。
② 即克赖斯勒。

奏，请你答应也为我们中国人表演一场。"我当然很高兴地接受了他的建议。第三天下午，我就为这个中国人专场演奏了巴赫、贝多芬和勃拉姆斯的音乐。在我的演出经历中，很少能为一个如此高雅的听众群体演奏。

"某君"，也即"英语说得很好"的"中国青年"，应该就是徐志摩。至于到底到哪里拜访，则待进一步查考。三、克氏对其上海演出没有中国听众深表失望，因而虽然北京行程已经排定，仍对"某君"的恳请欣然接受。四、能否争取克氏为中国听众演出实际已经涉及民族情感，必需以此证明中国人也具有"艺术趣味"。五、经"某君"多方奔走联系，终于妥善安排克氏演出地点、时间。六、"某君及某某两女士竭昨日一日之力"，又解决了演出减低酬金和募集一应费用等事宜，而"某某两女士"之一，也很可能就是林徽因。有趣的是，这篇报道还特别提醒观众"听时千万静肃，演毕始可鼓掌"，大概也是首次对中国听众普及聆赏古典音乐会的常识。

在徐志摩的不懈努力下，克赖斯勒小提琴独奏会终于于一九二三年五月二十八日下午在北京真光剧场举行，并取得圆满成功。五月二十九日《晨报》第六版又以《满场心醉喀拉士之妙技》为题作了详细报道。中华民国总统黎元洪夫妇出席了演奏会。在包厢就座的"概系送赠此次捐款援助之人，如冯耿光，王家襄，王敬芳，林长民，曾熵，卓定谋，梁启超，张嘉璈，章士钊，谈荔孖，邓君翔，钱永铭，张嘉森等"文化界和商界著名人士。特别应该提到的是演出之前的开幕式：

五时十分喀拉士拉及其夫人莅临……当由梁启超林长民徐志摩林徽音女士等导其入台后休息室。少顷林徽音女士复导其登台，全场鼓掌雷动，良久始止。由林女士报告聘请喀氏演奏之旨趣，及说明音乐与文化之关系。介绍毕喀氏复向听众道谢由德人某翻译。五时二十分开演，琴声一响，万籁俱寂。

关于克赖斯勒的答谢，音乐会后有人追忆，克氏强调："中西文化很有接近的希望，现在西洋人都很研究中国底哲学和艺术了。"[①] 总的说来，这段报道可圈可点，再清楚不过地告诉我们，徐志摩与他老师梁启

———————————

① 芳信：《"看"音乐与学时髦》，《晨报副刊》，一九二三年六月十二日。

超、亦师亦友的林长民以及心仪的林徽因一起，在克氏演奏会上扮演了至关重要的角色。林徽因担任的其实是司仪，这应该是她在北京中外文化交流公开场合首次正式露面。《小提琴之王克莱斯勒画传》中对此也有如下记载："在音乐会开始演奏之前，一位曾经留学伦敦的华人女青年站在台上，向听众讲解了聆听西方音乐会的行为规范和注意事项。"以前一直认为"林徽因的才华首次展示于社会是泰戈尔访问北京的那些日子，一九二四年的四、五月间"。[1]这个结论现在要改写了。因为早在一年前，林徽因就在克氏演奏会登台亮相，而且这也是徐志摩回国后两人首次成功的合作。

该篇报道以杜甫的名句"此曲只应天上有，人间能得几回闻"来形容克赖斯勒的精妙琴技。演出结束后，京剧艺术家"梅兰芳及该会发起人等,[2]特赠送喀氏三个大花篮，喀氏极为满足"。报道的结尾意味深长，作者认为克氏演奏会获得如此成功，"亦足见近来中国人已一扫其数千年来崇拜官僚军阀之心理，而渐知尊重艺术家矣"。这段话与徐志摩佚文《为什么不？》所提出的观点正相呼应。

---

[1] 陈学勇：《莲灯诗梦：林徽因》，北京：人民文学出版社，二〇一二年。
[2] 应指徐志摩等人。

到底克赖斯勒在这次演奏会上演奏了哪些西方古典名曲？据后来发现的外文"节目单"，依次计有：贝多芬的《克鲁采奏鸣曲》、门德尔松的《E小调小提琴协奏曲》、格鲁克的《旋律》、莫扎特的《C大调回旋曲》、勃拉姆斯的《圆舞曲》第十五首、斯科特的《安乐乡》，以及克氏自己作曲的《维也纳狂想曲》（op.2）和《中国花鼓》。[①] 在中国首都演奏体现中国元素的《中国花鼓》，当然很应景。但是，按照该篇报道，音乐会"五时二十分开演"，中场"休息十五分钟"，"七时十分演毕"；按照林徽因的回忆，音乐会只有"一个多钟头"，因此，是否全部演奏是个疑问。

克赖斯勒这次小提琴演奏会是一九二〇年代中期北京中外文化交流史上一件努力体现中国人"艺术趣味"和民族情感的颇有意义的活动，徐志摩策划和促成之功不可没，林徽因积极参与也必须提到。遗憾的是，徐志摩与克赖斯勒从此再无交集。他生得比克氏晚，走得却比克氏早。而克氏直到去世，也不知道那位说动他专门在北京为中国人举行一场小提琴演奏会的年轻人是未来的中国新诗祭酒徐志摩。毕竟，克赖

---

① 参见李岩：《克赖斯勒一九二三年北京演奏会及相关评论》，《中央音乐学院学报》二〇〇一年第一期。

斯勒已是名扬四海的小提琴家，而徐志摩还刚刚在中国新诗坛崭露头角。

（原载二〇一三年六月三十日《东方早报·上海书评》）

漫谈《人间四月天》

今年元旦在香港与董桥、彦火、林道群诸兄欢聚，得知电视剧《人间四月天》在台湾空前走红，那晚饭桌上的话题竟有大半是徐志摩与张幼仪、林徽因和陆小曼的爱情故事。春节前，与自台来访的"新感觉派"小说家刘呐鸥的公子刘汉中先生聊天，他是专攻物理的，不料也很欣赏《人间四月天》。可见此剧在台湾确实受到不同年龄段的知识阶层的喜爱，是一个耐人寻味的"文化现象"，不知这股新的"徐志摩热"会不会也在海峡此岸重演。

我开始不明白电视剧何以命名"人间四月天"，后来查阅林徽因诗集，始知出自她一九三四年发表的诗《你是人间的四月天——一句爱的赞颂》。显然，电视剧编导接受了盛传的说法，即这首诗是林徽因怀念徐志摩之作，但林徽因之子梁从诫先生早在十多年前就指出此诗是母亲为他出生喜极而作。"诗无达诂"，有不同的理解完全正常。不管怎样，有人早就说过志摩是人人的朋友，更何况他在三位女子感情生活中所占据的不可替代的位置，剧名"人间四月天"还是很贴切，很有诗意的。

把像徐志摩这样的浪漫诗人的爱情故事搬上屏幕，并非易事，要冒风险，弄得不好，会流于满足观众偷窥历史名人隐私的心理而缺乏文化的内涵和省思。事实上徐志摩的爱情纠葛十分复杂，且不说他苦恋林徽因终无结果，狂恋陆小曼酿成苦果，他与张幼仪的离异就不像电视剧所演绎的由于林徽因的出现所致那么简单。有些事是无法在电视上表现的。徐志摩自有其不可为外人道的"隐痛"，这只要仔细研读他写给陆小曼的那些情书就会有所领悟。徐志摩表妹夫、第一部《徐志摩年谱》的编者陈从周先生的女儿就与我讨论这个问题，海内外不少徐志摩研究者也在探索，因为这涉及对徐志摩家世生平、情感和许多重要作品的理解。就像周氏兄弟"失和"至今众说纷纭一样，这也成为徐志摩研究中的一个"哥德巴赫猜想"。

电视剧的台词写得很精致，有时简直难以分清是出自徐志摩之手还是编者的创造。徐志摩在重逢林徽因时感伤地说，一生中有太多的梦从指缝中溜走了，也许就只能用诗来网住旧梦的残影。的确，徐志摩为张、林、陆三位都写过诗，特别是为后两位写的那些缠绵悱恻的情诗，已成为二十世纪白话诗中的瑰宝。为林徽因写的《偶然》（据胡适回忆，这是徐志摩自己最钟爱的一首诗）和《你去》，为陆小曼而写的《这是一个怯懦的世界》《雪花的快乐》《多谢天，我的心又一度的跳荡》和《翡冷翠的一夜》等，或含情脉脉，或艳丽炽热，都是独特隽永，优美动人。并无特指的《沙扬娜拉》和《海韵》也是飞动飘逸，令人过目难忘。即使是那首更为脍炙人口的《再别康桥》，又何尝没有林徽因的倩影浮现在内？徐志摩这些"从性灵深处来"的情诗是"古典理想的现代重构"，像他的个性一样潇洒空灵，是否达到了现代情诗"经典"的境界，还有待时间的考验，但会传诵下去，却是可以肯定的。从某种意义上说，这三位女子成就了徐志摩的璀璨诗才，这也是值得庆幸的。

其实，早在《人间四月天》之前，祖国大陆和台湾就合拍过电视片《挥别偶然——中国现代作家身影·徐志摩》。这部六十分钟的传记片，请海内外徐志摩研究专家现身说法，从学术和人文的层面阐释徐志摩的一生及其文学成就。我曾带领摄制组采访陈从周先生、徐志摩诗友孙大雨先生和学生赵家璧先生。他们谈及徐志摩的人品文品，均甚推崇。陈从周先生更是老泪纵横，几乎不能自已；孙大雨先生则深情地朗诵了《再别康桥》；赵家璧先生还详细回忆了编印徐、陆"恋情绝唱"《爱眉小扎》的经过。遗憾的是，孙、赵两位先后谢世，不能再观看《人间四月天》，重温他们与徐志摩的友情了。

我不知道徐志摩的公子徐积锴先生、孙儿徐善曾博士看到《人间四月天》会有什么感想。四年前，由加拿大梁锡华教授介绍，我接待来沪寻访徐志摩故居的徐积锴父子，陪同他们在南昌路花园别墅和延安中路四明村漫步良久，拍了不少照片。而今，四明村徐志摩故居已永远从地图上消失，否则，《人间四月天》的有关镜头如在这座徐志摩在沪的最后一个住所实地拍摄，一定更富真实性和历史感。徐善曾博士在美学业有成，年轻有为，虽已不谙中文，但很为乃祖徐志摩的诗名自豪，决心为他写一部英文传记。倏忽四年过去了，不知他是否已经杀青付梓。坊间徐志摩的传记已够多的了，人云亦云，大同小异，但我想徐善曾这一部如真的写出来，也许会提供给我们一个更为真实可爱的徐志摩。

（原载二〇〇〇年三月七日上海《新民晚报·夜光杯》）

林徽因没有爱过徐志摩吗？

台湾和大陆合拍的电视连续剧《人间四月天》在内地播出之后，文化界反应不一，有褒有贬，本属正常。但读了梁从诫先生批评《人间四月天》的答问之后，不胜惊讶，感到有与梁先生商榷的必要。

如果记者的记录无误，梁先生是这样评价徐志摩与林徽因的关系的："据我所知，林从来没有说过爱徐，林对徐很好，很关心爱护，很亲密，很敬爱，但并不属于恋人之间的爱。"梁先生还反问："为什么徐爱林，林就非得爱徐呢？"梁先生话说得如此斩钉截铁，我却疑窦顿生。林徽因与徐志摩泛舟剑桥，情迷英伦时，梁先生在哪里呢？不要说梁先生尚未出生，就是他父亲梁思成与林徽因的恋情也尚未开始，梁先生何以断定他母亲与徐志摩之间什么事也没有发生过？

徐志摩与林徽因之间这段令双方都刻骨铭心的爱情，在二十世纪中国文学史乃至文化史上都是传为美谈的。尽管徐志摩的有关日记至今下落不明，尽管徐、林之间的通信仅有两封幸存于世，但根据现存史料，还是不难梳理两人之间的情感历程。徐志摩在剑桥留学时对林徽因一见钟情，决心"于茫茫人海中访我惟一灵魂之伴侣"，而林徽因虽然与徐志摩相差七岁（其实，这在当时并不是什么大不了的年龄差距），同样也爱上了徐志摩。陈从周的《徐志摩年谱》记云："林徽因在英，与志摩有论婚嫁之意，林谓必先与夫人张幼仪离婚后始可，故志摩出是举（指与张幼仪离异——笔者注），他对于徽因倾倒之极，即此可见，……后以小误会，两人暂告不欢，志摩就转舵追求陆小曼，非初衷也。"陈从周是徐志摩的表妹夫，对徐的生平和家庭了解甚详，他的话应该是可信的，后来多种徐志摩传记也都沿用了这一说法。梁先生在一九八五年初稿、一九九一年改定的《倏忽人间四月天》中，一方面否认徐林之间谈过恋爱，另一方面也不得不承认"母亲回国，他们便分手了"。如果徐、林从未谈过恋爱，从未牵过手，又何来"分手"？

徐、林之间的恋情，更可以从他们的作品，即从内证资料求得进一步的证明。徐志摩的《月下待杜鹃不来》《月夜听琴》《一个祈祷》《明星与夜蛾》《拿回吧，劳驾，先生》《在病中》《你去》等动人的诗篇都是写给林徽因的，就是他那首脍炙人口的《再别康桥》又何尝没有林徽因的倩影投射在内？这些想必读者已比较熟悉，可不必多谈。在林徽因这方面，情况要复杂一些。但根据她自己所提出的"凡在作品中所提到的生活，的确都是作者在理智上所极明瞭，在感情上极能体验得出的情景或人性"的观点，我想还是可以从她的小说和诗歌来探讨她的极为丰富而又复杂的内心世界的。短篇小说《窘》写维杉对比他小十七岁的少女芝的特别的感情，芝不但没有反感，反而乐于接受，从中不是大可玩味徐、林之间的感情脉络吗？至于林徽因的诗固然委婉含蓄，但只要细加分析，仍可从中把握她对徐志摩的深情。《深夜里听到乐声》就像是回应徐志摩《月夜听琴》似的，《那一晚》《情愿》和《仍然》等诗都是怀念一段旧日恋情，凄婉悲凉，显然不可能记写她与梁思成之间的情愫，惟一合理的解释只能是与徐志摩有关。还有那首有名的《别丢掉》，许多论者早就指出这是林在徐逝世之后追悼自己对徐的爱情，这是很有道理的。

这里就涉及对林徽因《你是人间的四月天》一诗的理解了。此诗最初发表于一九三四年五月《学文》创刊号，距徐志摩逝世三年，梁从诫先生出生二年。

梁先生称父亲梁思成告诉他，此诗作于一九三三年，是母亲专为他而作，与徐志摩无关，从而判定电视剧《人间四月天》把题目都弄错了。且不说此诗是否确切地作于一九三三年尚可质疑，因为林徽因有不少诗是创作数年以后才发表的。退一万步说，即使此诗真的如梁先生所说是林徽因专为他而作，电视剧编者借用来比喻徐志摩对三位女性的感情，又有何不可？林徽因逝世之后，金岳霖和邓以蛰联名作的挽联"一身诗意千寻瀑，万古人间四月天"，曾为梁先生所引用，这后一句不也是借用了"你是人间的四月天"来极赞林徽因吗？总不能说金岳霖也曲解了林徽因的诗意吧。电视剧《人间四月天》有这样那样的不足，但在我看来，这个题目的借用却是难得的神来之笔。

林徽因在徐志摩不幸遇难之后写给胡适的信，是梁先生否定林与徐有过恋情的重要依据，但我细读了已经收入《林徽因文集》的林徽因一九三一年五月一日和一九三二年元旦致胡适的两封信后，得出的结论恰恰相反。如果林与徐之间真的什么也没有发生过，她何必在徐逝世后急于想看他的"康桥日记"，而在凌叔华从中作梗后竟"气得通宵没有睡着"？如果林与徐之间真的什么也没有发生过，她何必在信中一再说"有过一段不幸的曲折的旧历史也没有什么可羞惭"，"志摩警醒了我，他变成一种 Stimulant 在我生命中，或恨，或怨，或 Happy 或 Sorry，或难过，或苦痛，我也不悔的"？诚然，由于她与梁思成结合，而且他们之间志同道合，所以她不可能再旧情复燃，接受徐志摩的可能的新的追求，她要"对得起"丈夫和儿子，她要"爱我现在的家"，但这决不意味着她与徐志摩之间没有旧情，"此情可待成追忆，只是当时已惘然"，李商隐的两句诗也许可以拿来作个注解。

需要着重指出的是，徐志摩与林徽因的爱情纠葛既属于"私人空间"又存乎"公共空间"，因为这关系到现代文学史的某些重要史实，也关系到对他们许多重要作品的诠释。事实上，海内外中国现代文学研究界一直关注两人之间的恋情对他们创作的深刻影响并不断地加以研究。承认林徽因也爱过徐志摩，丝毫不影响对林徽因与梁思成爱情的肯定，也丝毫不影响对林徽因情操与才华的肯定。前辈的情感纠葛是他们所处时代的精神和文化的聚焦，是那个时代的人对自由恋爱、真挚爱情和理想婚姻的追求。作为后人，正视并承认前辈之间发生过的爱情纠葛，其实是对前辈道德和情感的理解和尊重，不知梁从诫先生以为然否？

（原载二〇〇〇年六月一日北京《文艺报·艺术周刊》）

徐志摩致林徽因函

　　梁从诚先生编的《林徽因集》二〇一四年十二月由北京人民文学出版社出版了。虽只称"集",而不称"全集",其实已是全集规模,三卷四册,林徽因的文学创作、翻译、书信和建筑、美术方面的所有作品,统统搜集在内,琳琅满目,蔚为大观。特别值得称道的是,每册前都有林徽因各个时期的大量照片,相当部分是首次面世,堪称一部别开生面的林徽因影集。

　　更令人惊喜的是,此书《小说·戏剧·翻译·书信》卷附录一通二页徐志摩致林徽因函手迹,此函又附有徐志摩诗《你去》手稿二页。徐志摩一九二〇年在伦敦结识林徽因,直到他一九三一年"飞去",十一年中写给林徽因多少信,虽不知确数,一定不会少。

但迄今为止，天壤之间除了泰戈尔秘书恩厚之保存的徐志摩一九二四年五月离京去太原前夕所写的一页便笺，就只剩下这一通了，弥足珍贵。

此函写于一九三一年七月七日，其时徐志摩正担任北京大学外国文学系教授。是年夏，林徽因全家到北京香山静宜园双清小住避暑。徐志摩是在北京城里给她写这通信，很有意思的信，照录如下：

徽音：

我愁望着云泞的天和泥泞的地，直担心你们上山一路平安。到山上大家都安好否？我在记念。

我回家累得直挺在床上，像死人——也不知那来的累。适之在午饭时说笑话，我照例照规矩把笑放上嘴边，但那笑仿佛离嘴有半尺来远，脸上的皮肉像是经过风腊，再不能活动！

下午忽然诗兴发作，不断的抽着烟，茶倒空了两壶，在两小时内，居然诌得了一首。哲学家上来看见，端详了十多分钟；然后正色的说："It is one of your very best."但哲学家关于美术作品只往往挑错的东西来夸，因而，我还不敢自信，现在抄了去请教女诗人，敬求指正！

雨下得凶，电话电灯全断。我讨得半根蜡，匐伏在桌上胡乱写。上次扭筋的脚有些生痛。一躺平眼睛

186

发跳，全身的脉搏都似乎分明的觉得。再有两天如此，一定病倒——但希望天可以放晴。

思成恐怕也有些着凉，我保荐喝一大碗姜糖汤，妙药也！宝宝老太都还高兴否？我还牵记你家矮墙上的艳阳。此去归来时难说定，敬祝

山中人"神仙生活"，快乐康强！

脚疼人

洋郎牵（洋）牛渡（洋）河夜

信中"诌得了一首"，即指同一天完成的新作《你去》，"哲学家"指金岳霖。此函写得风趣、俏皮、活泼，简直是一篇生动的小品。徐志摩的信，如给胡适的，给梁实秋的，也往往是这样，既"跑野马"，又"永远保持一个亲热的态度"（梁实秋《谈徐志摩的散文》）。

值得注意的是，他把《你去》寄请林徽因"指正"，虽然金岳霖已认为这是他最好的诗之一。其实，徐志摩是把这首刚写好的袒露心声的诗献给林徽因。此诗后来在同年十月《诗刊》第三期发表时有八九处文字和标点改动，最后二句："更何况永远照彻我的心底，有那颗不夜的明珠，我爱你！"实在耐人寻味。

（原载二〇一五年十二月十三日上海《文汇报·笔会》）

鲁迅见过徐志摩吗？

鲁迅与徐志摩，一位是中国新文学巨匠，一位是中国新诗祭酒。一九二〇年代，他俩又都在北京，一属语丝派，一办新月社，文学理念和追求并不相同，他们有无可能见过面呢？须知，鲁迅与《新青年》同人、其时为新月社另一重要人物胡适是有不少交往的。在探讨这个有趣的问题前，先援引一条有关的史料。

一九二四年五月六日北京《晨报》第六版刊出题为《诞辰将至之泰戈尔：本月八日诞辰　京人士之祝典　取华名旦笠震》的消息，全文如下：

泰戈尔氏已于昨日下午返京，仍寓史家胡同。本月八日为泰氏生辰，北京新月社同人，拟于是晚八时

泰戈尔（中坐者）、徐志摩（一排右二）、
蒋百里（右三）和胡适（二排右一）
一九二四年摄于蒋百里寓。

在协和大礼堂表演泰氏杰作《契玦腊》Chitra（现通译齐德拉）戏剧，剧中主角有林徽音女士及张歆海、杨袁昌英女士、徐志摩、林宗孟、蒋百里、丁燮林诸君。梁启超氏新赠泰氏华名"笠震旦"，笠与震旦系两国名，表两系文化接近之意，而"震旦"二字又为泰氏之名"拉宾德拉那脱哈"之意译，盖"拉宾"在印文为平旦之光，而"德拉那脱哈"乃雷雨之意也。梁氏闻将于是晚，本此意作极有趣之演说。而是晚主席，则已推定胡适之君也。

"笠震旦"当为"竺震旦"之误。天竺，古印度之别称也，震旦则是古印度对中国之称，中文佛学经籍译作震旦。而这条消息之所以重要，在于其披露一九二四年五月八日晚，新月社同人在北京协和医学校大礼堂举行泰戈尔六十四岁生日祝寿演出会，徐志摩与林宗孟（林长民）、蒋百里、林徽因、张歆海、袁昌英、丁燮林（丁西林）等一起参加演出，林徽因饰公主齐德拉，徐志摩饰爱神。这场演出一直为徐志摩研究者所津津乐道，因为这是徐志摩与林徽因首次合作登台表演。

但是，研究者一直忽略了鲁迅日记对这次演出的记载。一九二四年五月八日鲁迅日记云：

晚孙伏园来部，即同至中央公园饮茗，逮夕八时往协和学校礼堂观新月社祝泰戈尔氏六十四岁生日演《契忒罗》剧本二幕，归已夜半也。

把鲁迅这段日记与《晨报》的消息对读，挺有意思。原来那天晚上，鲁迅在孙伏园陪同下，也以普通观众的身份出席了这场演出会。虽然这段日记只是纪实，并未对演出具体评价。鲁迅在北京期间，观剧并不多，整个一九二四年，他除了到西安讲学时观看过易俗社的两场戏曲演出，在北京总共只观看过两场演出，新月社这场即为其中之一。他怎么会有如此雅兴去观赏这场演出，而且"夜半"结束才归？大概想去一睹泰戈尔的风采吧。毫无疑问，鲁迅不但见到了在演出开始之前登台致词的泰戈尔，也见到了登台演出的徐志摩。至于台上的徐志摩，是否演出结束后下台与鲁迅见过面？鲁迅没有留下文字，徐志摩也从未说起过，似也无明确的文字记载，成了一个谜。

不过，这场演出北京新文学界群贤毕至，鲁迅倒是在后来的杂文中公开提到与另一位现代评论派代表人物陈西滢见面寒暄。一年半以后，为北京"女师大风潮"，鲁迅与现代评论派交恶，他在一九二五年十二月二十四日发表，后收入《华盖集》的有名的《"公理"的把戏》一文中，就在批评陈源（西滢）时，带到一句："与陈源虽尝在给泰戈尔祝寿的戏台前一握手，而早已视为异类"，不就是指这场演出吗？

因此，如说鲁迅观看过徐志摩的演出，"见过"徐志摩，自然不错，但如说徐志摩"见过"鲁迅，至今缺乏第一手史料的支持，只能存疑。

（原载二〇一八年四月二十九日上海《文汇报·笔会》）

徐志摩笔下的鲁迅

一九四七年三月，上海晨光出版公司出版《志摩日记》。书中除了重印《爱眉小扎》，还新公布《西湖记》和《眉轩琐语》两部徐志摩日记。《眉轩琐语》所记为徐志摩一九二六年九月和一九二八年一月至四月的日记，但这两个时段的日记都很不连贯，陆小曼在序中说："《眉轩琐语》是他在我们婚后拉笔乱写的，也可以算是杂记；这一类东西，当时写得很多，可是随写随丢，遗失了不少"，似是对这两个时段日记不连贯的说明。之后七十年时间里，海峡两岸出版的各种徐志摩全集，《眉轩琐语》都以《志摩日记》所刊为蓝本，并无变动。

然而，到了二〇一七年五月，浙江人民美术出版社出版虞坤林编《志摩日记新编》，情况发生了戏剧性的变化。我们首次得知，《眉轩琐语》的一部分系陆小曼从徐志摩日记原稿中摘录，日记原稿至今下落不明，幸好陆小曼的徐志摩日记抄稿还保存在国家图书馆。经比对，《志摩日记》在公开《眉轩琐语》时做了删节，《志摩日记新编》将删去部分全部复原，从而使《眉轩琐语》在七十年之后首次以陆小曼当年手抄原貌与世人见面。

于是就有了意外的新发现。《眉轩琐语》被删部分均为对具体的人与事的议论。其中一九二八年"正月初七"（农历，阳历为一月二十九日）日记，陆小曼抄录的完整原文如下：

正月初七称重一百卅六磅（连长毛皮袍），曼重九十。

昨夜大雪，端午家初次生火。

顷立窗间，看邻家园地雪意。转瞬间忆起贝加尔湖雄踞群峰，小瑞士岩桥梨梦湖上的少女和苏格兰的雾态。

鲁迅又演说政治文艺什么，开口就是象牙之塔，此公有些不可耐了。

《志摩日记》版《眉轩琐语》删去了这天日记中最后也是最重要的一段，以致徐志摩对鲁迅的这段议论，我们晚了整整七十年才知道，当然，终于还是知道了。

鲁迅一九二七年十二月二十一日在上海暨南大学作了题为《文艺与政治的歧途》的演讲，经刘率真（曹聚仁）记录整理的讲稿连载于一九二八年一月二十九日、三十日上海《新闻报·学海》，后经鲁迅校阅收入其《集外集》。当时也在上海的徐志摩一定在一月二十九日当天就读到了《新闻报·学海》所刊鲁迅讲稿的上半部分，才会在日记中发了这一通议论。

徐志摩记得一点不错。鲁迅在这篇演讲中讽刺了躲在"象牙之塔"里的文学家，并进一步嘲笑道："北京有一班文人，顶看不起描写社会的文学家……现在呢，他们也不能做高尚的文学家了，还是要逃到南边来；'象牙之塔'的窗子里，到底没有一块一块面包递进来的呀！"一九二七年前后，包括徐志摩和胡适、梁实秋在内的一批新月派作家纷纷从北京南下，到了上海、南京教书或办刊，鲁迅这些话锋芒所指，显而易见，后来《鲁迅全集》的注释也正是这么注的。徐志摩当时不可能看不出来，难怪他日记中这样写。

鲁迅与新月派的恩怨说来话长。但是，除了梁实秋曾与鲁迅激烈笔战，胡适就从不公开回应，徐志摩也是如此。查《鲁迅全集》，鲁迅多次在公开发表的文章中点名或不点名批判徐志摩，《"音乐"？》更是全文针对徐志摩，连上海北新书局一九二七年六月出版徐志摩翻译的法国凡尔太著小说《赣第德》，鲁迅也在致友人信中表示不满，说："北新内部已经鱼烂，如徐志摩陈什么（忘其名）之侵入"（参见《鲁迅全集》第十二卷鲁迅一九二七年七月十七日致章廷谦函）。而徐志摩笔下写到鲁迅，目前仅见这一次，还是在不公开的日记中。徐志摩毕竟忠厚。

（原载二〇一九年二月二十四日香港《明报·世纪》）

徐志摩与胡适题泰戈尔像

二〇一三年六月二十四日微博上"@晓方斐翔"介绍胡适所摄印度诗人泰戈尔单人照及毛笔题词,题词如下:

太戈尔先生今年三月十九日旅行路过上海,在志摩的家中住了一天。这是那天上午我拍的太翁的照片。小曼拿来放大了挂在家里作纪念,又嘱我题几句话,不敢不应,只好从命了。

适之十八、四、二("胡适"名印)

这张照片拍得真不错。泰戈尔端坐沙发,面容略带忧郁,照片左下角有他本人的英文签名。有网友认

胡适一九二九年四月二日在其所摄印度
泰戈尔照片上的题词

为胡适题词"罗里八嗦","话痨一枚",我却觉得这是
老朋友之间的打趣。

胡适题词当天,即一九二九年四月二日日记失记。
但三月十九日日记有段较为详细的记载,可与这则题
词互为补充:

早八点，印度诗人泰戈尔先生到上海，志摩夫妇同我去接他。有许多印度人带了小孩子，手里拿着花，来迎接他，行礼极恭敬，前面的人弯腰下去摸泰戈尔的脚。

泰戈尔一九二四年四月首次到上海，演讲座谈，活动频繁，接着又到北京，在中国思想文化界掀起一阵"泰戈尔热"，也引起了很大争议，同时也使作为翻译的徐志摩和林徽因大出了风头。但一九二九年三月到上海，却是悄悄来去，只是朋友间的私访叙旧，接待的主角也变成了徐志摩和陆小曼。

陆小曼后来写了《泰戈尔在我家》《泰戈尔在我家作客——兼忆志摩》等文，深情追忆泰戈尔当时到福熙路（现延安中路）四明村徐寓小住的情景。泰戈尔对为他精心准备的客房"并不喜欢"，反而对志摩夫妇"饶有东方风味，古色古香的房间""有了好感"。泰戈尔与志摩夫妇虽然"相聚了只有短短两三天"，但陆小曼回忆他"同志摩谈起来，可以谈几个钟头。他还常常把他的诗篇读给我听，那一种音调，虽不是朗诵，可是那低声的喃喃吟唱，更是动人"。

以前只知道泰戈尔离沪前为志摩夫妇的纪念册《一本没有颜色的书》画了自画像、题了诗，自画像远看像山峦，近看像老者，颇别致。诗则云："山峰盼望他能变成一只小鸟，放下他沉默的重担。"（影印件见一九四七年三月晨光出版公司初版《志摩日记》）而今，随着胡适摄泰戈尔像及题词的重现，为泰戈尔此次访沪与徐志摩夫妇的友谊留下了又一份珍贵的纪念。

（原载二〇一三年七月七日上海《文汇报·笔会》）

"极妙的一段文学因缘"

——泰戈尔、徐志摩与姚茫父

在香港一位中国现代文学藏书家丰富的藏书中，笔者见到一册三十二开线装的《五言飞鸟集》，署"泰戈尔意 姚华演辞"，一九三一年二月上海中华书局发行，古色古香，别有情趣。翻开一看，书前竟有徐志摩序，不禁感到意外的惊喜。经查对，海内外已出版的各种徐志摩作品集，包括蒋复璁、梁实秋编，台湾传记文学出版社的《徐志摩全集》，香港商务印书馆的《徐志摩全集》，梁锡华编、台北时报文化出版公司的《徐志摩诗文补遗》，以及不久前才问世的来凤仪编、浙江文艺出版社的《徐志摩散文全编》和赵遐秋等编、广西民族出版社的《徐志摩全集》，均未收入此文。由此可以断定，这篇《〈五言飞鸟集〉序》是新发现的徐志摩佚文。

《五言飞鸟集》的"演辞"者姚华生于一八七六年，卒于一九三〇年，字重光，号茫父，贵州贵筑人。他是二十世纪初北京艺坛有广泛影响的书画家和美术教育家，与陈师曾齐名。姚茫父对中国传统文化有很高的造诣，除了擅长山水花卉和篆隶真行，举凡诗文词曲、碑版石器及音韵考据等也无不精通，但他曾用五言古诗意译印度大诗人泰戈尔的《飞鸟集》，却长期不为人知。关于他意译《飞鸟集》的前后经过，此书的跋有清楚的交代，不妨迻录如下：

甲子冬十月二十九日，中女鏊以疾卒，家居寡欢，乃访姻好陈筱庄宝泉退思斋。客有日，筱庄检示译本泰戈尔《飞鸟集》，为送日之资。泰戈尔者，天竺诗人，春间来游，曾获把晤，因之言论风采如接耳目，怦然于中，不能自已。既语筱庄曰：言短而意长，语切而思婉，盖诗之为术与心同，特其文异焉，可以国风为之。由是依意遣辞，日必数章，归而赓续，及岁尽篇终。乌乎，鏊于是死而吾之《飞鸟集》于是生，则情之为缘也。集皆五言，因题曰《五言飞鸟集》，以自别于泰戈尔云。除夕京师莲华庵书贵筑姚华茫父。

姚茫父不谙英文，意译《飞鸟集》所用底本系文学研究会发起人郑振铎以白话诗翻译的《飞鸟集》，一九二二年十月上海商务印书馆初版，列为"文学研究会丛书"之一。此书虽然只是选译本，却是中国最早的一本泰戈尔译诗集，曾风行一时，多次重印。冰心老人就曾回忆，她早年写诗时，"看了郑振铎译的泰戈尔的《飞鸟集》，觉得那小诗非常自由"，"就学那种自由的写法，随时把自己的感想和回忆，三言两语写下来"。① 因此，当时姚茫父姻亲陈筱庄向其推荐《飞鸟集》，也就不足为奇了。但姚茫父读了郑译本后情动于衷，不能自己，又据以意译成长短不一的五言诗，共得二五六首，倒是颇为奇特。在中国现代翻译史上，直接用旧体诗翻译外文诗者不乏其人，但从白话译诗再转译，恐怕是姚茫父首创，也是绝无仅有的。这无疑是一种别致的新尝试，正如徐志摩在序文中所说"这是极妙的一段文学因缘"，后来原译者郑振铎也赞赏姚茫父这个译本"更具有中国诗的风味了"。②

遗憾的是，姚茫父未及见到《五言飞鸟集》付梓，就在贫病交迫中撒手人寰。他的遗愿是由其知音徐志

① 卓如：《访老诗人冰心》，《诗刊》一九八一年第一期。
② 郑振铎：《新序》，《飞鸟集》，上海：新文艺出版社，一九五六年。

摩完成的。徐志摩不但想方设法安排此书在中华书局出版，请文史大家叶誉虎（叶恭绰）为之作序，而且自己也写了热情洋溢的序，这何尝不是又一段极妙的文学因缘，是对姚茫父的最好纪念。

在这篇序文中，徐志摩推重姚茫父其人其画其译，有不少精彩的神来之笔，他对其笔下的山水的评价多么生动，对其意译《飞鸟集》的得失的分析也十分中肯。虽说翻译就是诠释，容许介入译者个人的价值取向，但诗本来就最难译，何况再从白话译诗转译，必然更多一层限制，有时难免"失之毫厘，差之千里"，这是无可奈何的事。

更难得的是，徐志摩追忆与泰戈尔的交谊，状写泰戈尔与大自然的心灵契合，绘声绘色，令人神往。众所周知，徐志摩与泰戈尔友情甚笃，泰戈尔一九二四年四月访华时就由徐志摩全程陪同并翻译，徐志摩有《泰戈尔来华》《泰戈尔来华的确期》《泰戈尔》等文记其事，这在现代文学史上早已传为佳话。但他以诗一般优美的语言较为具体地探讨泰戈尔的诗，却是在这篇序文中才实现的。徐志摩认为泰戈尔"诗的人格是和谐而完美的"，强调译者应该领悟泰戈尔诗中"一点极微妙但极真实的灵机"，都是值得重视的见解。梁实秋曾归纳徐志摩的散文"永远的保持着一个亲热的态度""任性"和"永远是用心写的"。[1] 在笔者看来，这三大特点在《〈五言飞鸟集〉序》中都有上乘的表现，这篇流丽可爱、情意绵绵的序可列入徐志摩最优秀的散文而毫无逊色。

《五言飞鸟集》出版后不满十个月，徐志摩不幸遭遇空难，英年早逝，他打算再写一篇"更亲切的"讨论泰戈尔诗的计划成为泡影，但笔者以为有这篇序已足可补偿了。有必要指出，当时此书颇获好评，如诗人、词学家卢前就曾援引书中"飞鸟鸣窗前，飞来复飞去，红叶了无言，飞落知何处？""萤火煽秋夜，零乱不成行；众星未相忌，一样是幽光"等"演辞"，称赞此书"情致盎然"，并断言"姚先生往矣，此集当与先生之画并垂不朽！"[2] 不过，也许此书印数太少，也许线装的译诗集从来就不为现代文学史家所注意（现代文学史上属于"骸骨迷恋"型的线装的译诗集总共只有此书和梁宗岱翻译的《水仙辞》、王统照翻译的《题石集》等寥寥数种），以致这篇文情并茂的序文埋没了整整六十二年。而今它终于与世人见面，为徐志摩研究增添一份新的重要史料，这是应该庆幸的。

---

[1]　梁实秋：《谈志摩的散文》，《新月》一九三二年第四卷第一期。

[2]　卢前：《姚华所演〈五言飞鸟集〉》。

（原载一九九三年九月台北《联合文学》第一〇七期）

附记

二〇一八年三月，上海书画出版社出版了杜鹏飞先生点校的《如晤如语：茫父家书》，书中附录一通姚茫父一九二九年七月二日致友人王伯群的信，信末姚茫父告诉王伯群：

近《五言飞鸟集》已有友人单于沪上印行，闻系交中华，将来发行是新月书店，并闻。

所谓"友人"，自然是指徐志摩；所谓"单于沪上印行"，系指姚茫父有印行自己诗稿的打算，且已编就，但不包括译诗集《五言飞鸟集》在内，《五言飞鸟集》是单独印行；所谓"中华"则是指中华书局了，徐志摩自己的《志摩的诗》线装本也是由中华印的。

此信可证姚茫父很看重自己这部别具一格的译诗集。可惜的是，姚茫父归道山大半年后，《五言飞鸟集》才印出，只能作为对姚茫父的一个纪念了。

二〇一八年十二月三十日

徐志摩·赵景深·蹇先艾

之所以把徐志摩、赵景深、蹇先艾三位现代作家的大名排在一起讨论，是由于徐志摩的一通书信引发的。

一九四九年二月，上海万象图书馆出版了平衡（平襟亚）编《作家书简》（真迹影印本），其中收录徐志摩遗札一通，照录如下：

景深：

蹇先艾有一部诗集求印，新月审查会主张今年不出诗集。蹇诗想早见过，还算不错，你可否替他向开明或是光华问问，如能出版，也算了却一件心事，因蹇年少好胜，颇急于印书也。诗稿在此，得便来取或

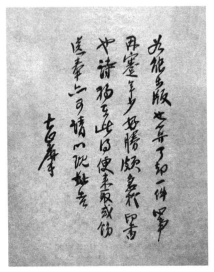

徐志摩致赵景深函，时在一九二八、二九年间。

饬送奉亦可，请以现址告。

志摩

此信毛笔两页（原无标点），是徐志摩书法受到郑孝胥影响的一个证明。落款未署日期，但是：一，信中说到"新月审查会"，新月书店一九二七年七月创办，《新月》月刊则是一九二八年三月创刊；二，信中又说到请赵景深便中"向开明或是光华问问"，赵景深一九三〇年出任北新书局主编，如果此信写于一九三〇年以后，徐志摩就不必托赵向开明书店或光华书局推荐了，直接问赵北新能否出版蹇先艾的诗集即可。据此两点推断，此信写于一九二八、二九年间的可能性最大。

徐志摩此信已经收入顾永棣编《徐志摩全集》书信卷（二〇一五年一月浙江人民出版社初版）和金黎明、虞坤林《徐志摩书信新编》增补本（二〇一七年四月浙江古籍出版社初版），但均未注明出处，实际上此信手迹早已刊行。赵景深晚年编注《现代诗人书简——现代作家书简之二》（刊于一九八三年一月《中国现代文艺资料丛刊》第七辑），收入徐志摩致他信札三通，此信并不在内，可见此信已不保存在赵景深手中，原信下落不明，手迹因《作家书简》的影印而得以幸存。

蹇先艾是贵州籍现代作家，以创作"乡土小说"知名，鲁迅编《中国新文学大系·小说二集》，就入选了他的短篇《水葬》《到家的晚上》，并在《导言》中认为他的作品"很少文饰，也足够写出他心曲的哀愁"，前一篇"展示了'老远的贵州'的乡间习俗的冷酷，和出于这冷酷中的母性之爱的伟大"。但蹇先艾也写新诗，却知者不多。据他晚年在《〈晨报诗刊〉的始终》中回忆，徐志摩主编的《晨报副镌》后来辟出《诗镌》专版，还是出于他与闻一多两人的提议。蹇先艾的叔叔蹇季常与徐志摩父亲徐申如是朋友，故他与徐志摩也较熟，这也是徐志摩乐意为他推荐新诗集书稿的一个原因。

可惜的是，徐志摩的推荐没有成功，蹇先艾直至去世也未出版新诗集。其实他的新诗当时也有一定影响，朱自清编《中国新文学大系·诗集》也入选了他的《春晓》《雨晨游龙潭》两首，且录他一九二六年五月改定的《春晓》如下：

> 这纱窗外低荡着初晓的温柔，
> 霞光仿佛金波掀动，风弄歌喉，
> 林鸟也惊醒了伊们的清宵梦，

歌音袅袅啭落槐花深院之中。

半圯的墙垣拥抱晕黄的光波，
花架翩飞几片紫蝶似的藤萝，
西天边已淡溶了月舟的帆影，
听呀小巷头飘起一片叫卖声！

整整九十余年过去了，期待有热心人继承徐志摩遗愿，为蹇先艾编一本新诗集。

（原载二〇一八年三月上海《书城》新一四二期）

新发现徐志摩影像所想起的

　　以下是一段时长约四分零二秒的影像纪录片的文字再现，当然，难以完全传达当时的生动情景：

　　一辆类似老爷车的汽车缓缓驶进一座别墅。车停，第一个跨出车门的人风流倜傥，竟然是徐志摩！他身着深色马褂，白色长袍，脱去帽子，神采飞扬。第三个下车的是高大的印度大诗人泰戈尔，徐志摩优雅地伸手搀扶。接着，他走在泰戈尔左侧，与三十多位迎候人员在别墅园内信步前行，不久便与其中貌似泰戈尔秘书、英人恩厚之者并肩，边走边谈边抽烟。徐志摩左手持烟，不时轻轻用手指弹走烟灰，右手自然地背在身后。

天气晴好，人群中的几缕青烟袅袅散去。到了别墅屋前，徐志摩、泰戈尔等停住脚步，似乎与日本接待者互换联系方式……

这段短纪录片是默片，有画面，无声音。时间定格在一九二四年六月十二日，地点则为东京日本大企业家涩泽荣一的飞鸟山别墅。泰戈尔访日正是涩泽荣一所邀请。这段短纪录片也存于日本涩泽荣一纪念馆。

文学史家一直对徐志摩一九二四年六月陪同泰戈尔访日了解甚少，以前只知道他写下了《留别日本》和《沙扬娜拉十八首》，这两组新诗虽然收入《志摩的诗》线装初版本，但出铅印版时又都删去，只保留了脍炙人口的《沙扬娜拉十八首》最后一首，再加上他翻译了《国际关系》《科学的位置》等数篇泰戈尔在日本的演讲，如此而已。这段短纪录片的发现，不仅填补了徐志摩访日活动的一个空白，也是迄今所见唯一幸存于世的徐志摩真身影像。由于徐志摩去世早，人们早就不指望徐志摩会有影像资料存世，它突然奇迹般地出现，实在是意外之喜，弥足珍贵。

因此，浙江杭州徐志摩纪念馆二〇一七年四月十五日举行徐志摩诞辰一百二十周年纪念会，当这段意想不到的短纪录片在会上放映时，与会者一片惊叹就完全可以想见了。我因另有一个重要学术会议，未能及时赶到观赏这段好不容易从日本借来的短纪录片，不免深以为憾，只能借助友人的描述来想象徐志摩虽然短暂却依然潇洒的真身神态。但这也使我想到了一个十分有趣的问题，那就是中国现代作家中有哪几位借助现代科技留下了影像和声音。

胡适是否留下影像资料，我不清楚。但我知道他一直是摄影爱好者，早期日记中粘贴的各种照片就很多，他一生所拍摄的个人照和合影都是个相当可观的数字。更难得的是，胡适的声音保存下来了。早在三十年前，台北远流出版公司出版《胡适作品集》时，就由胡适纪念馆授权，"附录"了《大师的声音：胡适中英文演讲选粹》录音带。然而，比徐志摩晚逝世五年的鲁迅，虽然留存不少照片，却没有任何影像和声音留存于世，对我们后人而言，这真是一个无可弥补的损失，也是最为可惜的。

除此之外，浙江桐乡茅盾纪念馆保存着茅盾的录音，系其回忆中篇小说《林家铺子》的创作过程。而木心美术馆也保存着木心在纽约讲授"世界文学史"时的录音。一九九九年一月，北京三联书店出版舒济编《老舍讲演集》，附有老舍一九六六年一月与日本 NHK 记者谈话的录音 CD，这是老舍留下的最后的声音。二〇〇三年十月，西安陕西师大出版社出版王亚蓉编《沈从文晚年口述》，也附有沈从文晚年在湖南省博物馆等处五次演讲和谈话的录音CD，让我们能够领略沈从文晚年谦和的湘西口音。不久前，巴金一九八二年十二月十二日关于电影《寒夜》的谈话录音也公之于世了。听到这些文学大师的声音穿过漫长的时空传送过来，仿佛他们仍在我们眼前一样，倍感亲切。

（原载二〇一七年五月十三日上海《文汇报·笔会》）

《学生阅读经典·徐志摩》代序之附记

　　四年前，在加拿大的研究徐志摩专家梁锡华教授来信告诉我，徐积锴和徐善曾父子将来上海寻访徐志摩故居，嘱我接待。徐积锴是徐志摩的独子，徐善曾又是徐积锴的独子，徐家三代单传，而今远在美国的徐氏父子专诚来沪寻访先人足迹，意义非同一般，我自当尽力协助。

　　待到见面，始知年近八旬的积锴先生对乃父的文学成就和鼎鼎声名已抱着一颗平常心，淡然处之，倒是英文名 Tony 的徐善曾虽然从未见过乃祖，却对其人其文颇为好奇，尊敬之余，很想为之立传，用英文描述徐志摩短暂而又充满诗情画意的一生。由于徐善曾不谙中文，积锴先生居中翻译，我引领他们父子俩踏看了南昌路花园别墅徐志摩故居和而今已从地图上消失了的延安中路四明村徐志摩最后的故居。还互相交换了对徐志摩研究的看法。积锴先生透露，徐志摩早年的一部日记八十年代在日本被发现送归国内，可惜未及编入香港商务版的《徐志摩全集》，他希望这部日记能有机会公之于世，以对研究徐志摩生平有所裨益。

徐善曾不愧为徐志摩嗣孙，他是美国耶鲁大学物理学博士，目前在美为高科技公司进行科技与财经方面的评估与研究。他相貌英俊，身材高挺，笑容灿烂，举手投足间像个标准的"美国人"，却又谦恭有礼，使人易于亲近。他其实并不是很喜欢文学，对自己所从事的科技和财经方面的知识才十分入迷。尽管如此，为乃祖立传仍是他的一大心愿，化费了很大精力到处搜集有关资料，此次上海之行以及随后的北京之行，相信也是收获不小。

一晃数年过去了，今年上半年随着电视连续剧《人间四月天》的上映，海峡两岸再一次掀起"徐志摩热"。台湾《独家报导》周刊于五月间来电向我打听徐善曾的下落，并用越洋电话独家采访了徐善曾。这篇访问记虽然短小，却是言简意赅，展示了徐善曾对徐志摩莫名的崇拜和他拟为之撰写英文传记的心路历程，颇有意思。现就作为这部徐志摩新选集的代序，并预祝徐善曾早日大功告成。

二〇〇〇年十一月五日于上海

（原载二〇〇一年一月上海文汇出版社初版《学生阅读经典·徐志摩》）

附记

整整二十一年之后，徐善曾（Tong S.Hsu）著英文《Chasing the Modern: The Twentieth-Century Life of Poet Xu Zhimo》终于在美国问世。二〇一八年四月，此书中译本《志在摩登：我的祖父徐志摩》（杨世祥、周思思译）也由北京中信出版集团出版。特此补记。

五

陈从周著《徐志摩：年谱与评述》序

一九四九年九十月间，一本薄薄仅一百余页的小书在上海悄悄问世了。此书为小三十二开本，平装，单一的淡灰色封面封底，无版权页，不是正式出版物，系作者自印分赠亲朋好友和图书馆，只印五百册。当时正值政权更替，社会巨变，翻天覆地，谁也没有注意到这本有点落寞的小书。直到整整三十二年之后，上海书店重新影印推出此书修订版，才引起中国现代文学研究界的重视。这本小书就是陈从周编撰、张阆声（宗祥）题签的《徐志摩年谱》。

陈从周（一九一八至二〇〇〇）是驰名中外的古建筑学家、园林艺术家、近现代文史掌故专家、散文家和书画家，当年怎么会对新诗人徐志摩有如此之大

《徐志摩年谱》，陈从周编，一九四九年编者自印。

的兴趣，潜心为之编撰年谱？陈从周是徐志摩表弟，
他曾这样介绍自己与徐家的亲密关系："志摩父申如先
生，是我妻蒋定的舅舅，又是我嫂嫂徐惠君的叔叔，
我是由我嫂嫂抚育成人的，因此有着双重戚谊。"（陈
从周《记徐志摩》）他不止一次地回忆自己初一时为
徐志摩散文《想飞》所吸引，十四岁就已读完《志摩
的诗》《翡冷翠的一夜》《巴黎的鳞爪》和《猛虎集》，
"我爱读他的诗文，虽然我所用力的是古建筑园林，但

他的性灵却感染了我的气质，对我的思想感情上是起变化的。我从那时起便留心他的事迹。"年轻的陈从周敬爱表兄，徐志摩不幸飞机失事，他在悲痛之余立下为其作传的宏愿，开始"更广泛的收集资料"。这项有意义的工作得到了徐志摩前妻张幼仪、未亡人陆小曼以及徐志摩老师、同学和诸多亲友的支持和帮助，陈从周自己也频频出入图书馆查阅各种报刊和文集，"集腋成裘，掌握了许多第一手资料，想写传记难于下笔，于是改换了我的方式，将这些资料排比成年谱"。这就是《徐志摩年谱》诞生的背景。明乎此，也就进一步认识了此书的价值，正如沈从文后来对陈从周所指出的："没有你的书，志摩的家世与前半生弄不清了。"

　　大致可以推断，《徐志摩年谱》断断续续历经十五六载，方始大功告成。然而，结集出书遇到了意想不到的阻力。当然，这阻力并非不可预见。既然徐志摩不是左翼作家，早已被判定为"一步一步走入怀疑悲观颓唐"的"末代的诗人"（茅盾《徐志摩论》），那么，在上海已经改朝换代的一九四九年九十月间，印行《徐志摩年谱》确实有点不合时宜，尽管陈从周在《年谱》中已经引用了茅盾对胡适论析徐志摩"单纯信仰"的批评，也在《年谱》中指责一九三一年秋软禁蒋百里的南京政府为"反动政府"。但陈从周不顾朋友们"不要干这蠢事了"的劝告，一意孤行，他后来感慨地回忆道："请赵景深先生作序，他不肯写，徐悲鸿先生要我搞鲁迅，但都扭转不了我这颗'无缘无故的爱'的心，硬着头皮干下去了。当然有些只好不明言了。"赵景深不肯为《年谱》撰写新序，自有其不得已的苦衷，以至于陈从周不得不退而求其次，将其在徐志摩逝世后所作的旧文《志摩师哀辞》作为"代序"。徐悲鸿建议他放弃研究徐志摩转而研究鲁迅，也是出于好意。陈从周却丝毫不为所动，执意印出《徐志摩年谱》。他自认这是一次"感情的冲动"。谢天谢地，幸好有了这次"冲动"，否则这部《徐志摩年谱》命运未卜，到了五十年代以后就极有可能无法与世人见面了。

《徐志摩年谱》"内容力求有据，以存其真"（陈从周《〈徐志摩年谱〉编者自序》）。此书爬梳剔抉，编排得当，对谱主的家族、求学、婚姻、交游、作品的创作、发表和评论等等，都有较为翔实的反映。如徐志摩早期的《论哥舒翰潼关之败》（片断）、《民国七年八月十四日徐志摩启行赴美文》、一九一八和一九二八年的日记片断、一九二六年家书片断等等，如不是《年谱》中保存，恐怕都要失传了。限于条件，《年谱》也有一些疏漏。一九八一年十一月，上海书店出版《年谱》影印本时，作者就作了必要的修订。譬如在一九一五年"夏毕业于杭州第一中学"条下，添加"即考入北京大学预科，居锡拉胡同蒋百里宅"两句，相应的删去了"秋肄于上海沪江大学。十二月二十九日去天津北洋大学"等内容（不过，晚近的研究已证明，这个修订仍与史实有出入）。也有作者已掌握史料而未及增补的，如初版本一九一八年"夏入赘新会梁任公（启超）门"条，影印本未作充实，陈从周后来特地作了说明："志摩拜梁启超为师，是其前妻张幼仪之兄君劢介绍的，他是梁的弟子，当时由志摩父出赘金银元一千元，是一笔相当大的礼金。"还有影印本仍保留错讹的，如徐志摩一九三〇年十一月发起成立国际笔会中国分会，但《年谱》初版本和影印本均作一九三一年"三月组织笔会中国分会，志摩当选为理事"，显为错引《遐庵年谱》之误。然而，瑕不掩瑜，《徐志摩年谱》的史料价值应该充分肯定。

笔者收藏了《徐志摩年谱》初版本和影印本，两书均有作者的题签。八十年代初到九十年代中期，笔者与陈从周先生多次交往请益，得到他题赠的《书带集》《簾青集》等散文集，《徐志摩年谱》影印本却是他应笔者之请而题字，在扉页右侧用钢笔所书："子善学人吾兄正　陈从周　九四、七、二十四"。笔者还清楚地记得最后一次拜访陈从周先生，与他笔谈徐志摩，他因脑梗不能言语，老泪纵横、痛苦万状的情景。陈从周先生驾鹤西行后，笔者又有幸得到《徐志摩年谱》初版签名本，扉页右侧用毛笔所书：

郁　风

苗　子　　同志赐正　从周呈

原来这是黄苗子、郁风伉俪的旧藏。有意思的是，题签称他俩为"同志"，想必是作者五十年代的馈赠。从陈从周关于梁思成、林徽因的回忆录中可以得知，五十年代为保护文物和古建筑，他有多次北京之行。因此，与黄苗子、郁风在京见面赠书的可能性是完全存在的。而今当事人中只有苗子先生健在，我通过李辉兄向苗子先生当面求证，终于得到证实。

值得注意的是，这册《徐志摩年谱》初版签名本中有多处陈从周的毛笔修改。且举一例。初版本一九一五年有"三月中与宝山罗店镇张幼仪女士（嘉鈖）结婚于硖石商会"条，签名本划去"三月中"改为"秋"。后来影印本又改作更为确切具体的"十月二十九日"。这就产生了一个颇为紧要的疑问，《徐志摩年谱》到底有几次修改？据笔者所知，初版本之后，有陆小曼保存本的修改，有题赠黄、郁伉俪签名本的修改，有一九八一年上海书店影印本的修改，还有别的吗？答案是肯定的。至少还有两种不可忽视的修改本，一为陈从周赠北京图书馆增补本，已知书内抄有徐志摩一九三一年十一月十八日致杨铨绝笔信和杨铨跋，陈从周后来虽过录于《〈忆徐志摩〉附记》，惜影印本未录；另一为沈从文眉批本，"对志摩临死前几年有一些补充"（以上未注明出处引文均引自陈从周《〈徐志摩年谱〉谈往》），史料价值更不待言，此本现存大洋彼岸的美国。笔者认为，这两种修改本对《徐志摩年谱》的订正补充或许更为重要，值得海内外徐志摩研究者关注。

年谱是"知人论世"的学问。徐志摩逝世时，五四新文学运动绝大部分代表作家均健在，作家年谱的编撰没有必要提上议事日程。鲁迅逝世以后，许寿裳编撰的《鲁迅先生年谱》（刊于鲁迅先生纪念委员会编，一九三七年初版《鲁迅先生纪念集》）成为中国现代文学史上第一部新文学作家年谱，但这只是五千余字的"简谱"，称其为"鲁迅年表"也未尝不可，而且它不是以单行本形式出现的。陈从周编撰的《徐志摩年谱》才是第一部以单行本面世的较为完整意义上的中国新文学作家年谱，不仅对徐志摩研究具有重要价值，更在中国现代作家年谱编撰史上开了先河，功不可没。

这部《徐志摩：年谱与论述》是已知陈从周先生关于徐志摩文字的汇编，既收入了《徐志摩年谱》一九八一年修订本；也收入了他四十年代后期至九十年代初所作考证徐志摩生平、讨论徐志摩作品的文字，长则洋洋数千言，短则寥寥几百字，对《年谱》都是很好的补充。笔者对《徐志摩年谱》作了新的校勘，尽可能订正了引文的误植，删除了个别前后矛盾的重要条目，其余则一仍照旧。陈从周先生虽自谦"不是专门研究徐志摩的"（陈从周《〈徐志摩全集〉序》），但他的徐志摩研究确实"没有虚文"，特色鲜明。今年是陈从周先生诞生九十周年，本书的出版也是对这位卓有贡献的徐志摩研究家的纪念。

本书付梓在即，又找到一篇陈从周先生四十年代末辑录的《徐志摩家书》，正可及时补入，置于卷末，本书可能还有遗珠之憾，还盼高明不吝指教。

二〇〇八年十月二日于海上梅川书舍

（原载二〇〇八年十二月上海书店出版社初版《徐志摩：年谱与评述》）

《一九一六：徐志摩在沪江大学》序

　　诗人徐志摩活在人世虽只短短三十五个年头，但他的以不世出的才情、对生活的热诚，以及创作的勤奋所熔铸而成的优美诗文却相当可观，这已有台湾、香港和内地先后出版的不同版本的《徐志摩全集》可以作证。改革开放以来，沉寂多年的徐志摩研究也重新启动并蔚为大观，这也已有海内外多种版本的徐志摩传记和大量的徐志摩研究著作可以作证。徐志摩已是二十世纪中国文学史上一个重要的不容忽视的存在。

　　然而，徐志摩研究仍然存在着不少盲区和误区，仍有待继续拓展和深入。徐志摩早年是否在上海沪江大学求学，以及由此而衍生的一系列疑难问题，就一直困扰着徐志摩研究者。陈从周、梁锡华、秦贤次、韩石山、李秀清等几代徐志摩研究者为解答这个徐志摩生平疑案作出了不懈的努力，也展开过热烈的争鸣。而今，随着徐志摩在沪江大学《天籁》杂志上一系列文章并相关资料的被发现，这个徐志摩研究中争论不休的难题终于取得了突破性的进展。

上海理工大学档案馆近年来一直致力于其前身沪江大学校史的发掘、整理和研究，并已取得丰硕成果，正陆续出版"沪江文化丛书"。正是在查阅沪江最具影响力的学术刊物《天籁》的过程中，他们发现了徐志摩一九一五年底至一九一六年底在沪江大学求学的直接证据和十一篇之多的徐志摩早期佚文，从而大大改写了现有的徐志摩早期求学和创作版图。

自一九一六年三月第四卷第一号至同年十二月第四卷第四号，"天籁社"汉文主笔徐志摩在《天籁》上以别号"徐志摩"和谱名"徐章垿"发表的《祀孔纪盛》《记骆何塈全谊事》《春游纪事》《论臧谷亡羊事》《卖菜者言》《渔樵问答》《说发篇一》《沪江春秋》《送魏校长归国序》《贪夫殉财烈士殉名论》《征人语》等十一篇文言文，是目前所能见到的徐志摩大学时代最早的一批作品，弥足珍贵。从中可以清楚地看出徐志摩在二十岁之前就已打下了扎实的古文功底，在其同辈中相当突出，与他的中学同学郁达夫堪称双璧。他对《楚辞》《说文》等古籍经典均下过苦功，表现在文章中，便是抒发忧国情怀，爱用生僻古字，以至同级同学称他为"Chinese etymologist"。这些文言文表明徐志摩所受传统文化和传统思想影响之深，青少年时期所受的严格的国学教育，无疑构成了徐志摩思想发展和艺术素养的底色。

对徐志摩早期思想的形成和演变，以往的研究者往往注重考察他的留学美国和英国的经历，注重梳理英美文化对他的影响，这自然不无道理。但对他出国前的生活轨迹和成长过程，却长期未能给予应有的重视和探讨，其原因之一就是可靠史料的缺乏。徐志摩在沪江大学求学印迹的发现，这十一篇文言文，再加上"年级介绍"里对这位才华横溢的级长的评述等，均为还原真实的青年徐志摩的形象，提供了宝贵的第一手资料。

近年来，随着市场经济大潮和娱乐文化的兴起，徐志摩也成为出版界和影视界消费的对象，一度大红大紫。他们出于牟利的目的，竞相炒作徐志摩的感情生活，徐志摩逐渐被涂抹成"情种"和"风流才子"的公共形象并进一步被定格。除了几首耳熟能详的新诗以及几段情史，不少读者已不太关注诗人徐志摩在思想和诗艺上的可贵追求。徐志摩沪江大学时期史料的出土，也将大有助于全面完整地展示徐志摩精彩而短暂的一生，纠正其被扭曲的公共形象。

因此，我对上海理工大学档案馆卓有成效的发掘和考证工作表示欣赏，并写下上述这些话以为推荐。我认为，所有徐志摩爱好者和研究者都应该关注这部《一九一六：徐志摩在沪江大学》。

是为序。

二〇一三年三月一日于海上梅川书舍

（原载二〇一四年二月上海交通大学出版社初版《一九一六：徐志摩在沪江大学》）

"飞去"的作家

二十世纪中国文学史上有两位著名作家，先后殁于飞机失事，令人痛惜不已。

首先是新月派诗人徐志摩。一九三一年十一月十九日上午，他乘中国航空公司"济南"号司汀逊式飞机从南京起飞前往北平，不料飞机在济南附近北大山触山起火，徐志摩遇难"飞去"。当天早晨，他还发了一个电报给林徽因，"说下午三点准到南苑（北平南苑机场），派车接"（林徽因《悼志摩》）。车马上派了，却永远接不到了。

徐志摩去世时才三十五岁，英年早逝。他在一九二六年写过一篇散文《想飞》，文中说："是人没有不想飞的。老是在这地面上爬着够多厌烦，不说别的。飞出这圈子，飞出这圈子！到云端里去，到云端里去！……这才是做人的趣味，做人的权威，做人的交代！……同时天上那一点子黑的已经迫近在我的头顶，形成了一架鸟形的机器，忽的机沿一侧，一球光直往下注，硼的一声炸响，——炸碎了我在飞行中的幻想，青天里平添了几堆破碎的浮云。"谁都不会想到，徐志摩竟一文成谶。

作家、藏书家郑振铎写了感人的《悼志摩》。他在文中批评对徐志摩的种种"误会"，强调"在当今的文坛上，像他那样的不具有'派别'的旗帜与偏见的，能够融洽一切，宽容一切的，我还没见过第二人。"这是指徐志摩发起组织国际笔会中国分会，拟"招致""'左翼'文人们"和"'礼拜六'派的通俗文士们"。郑振铎大概也不会想到，时隔二十七年之后，他也会随徐志摩而"飞去"。

一九五八年年十月十七日，五十九岁的郑振铎率中国文化代表团乘图104客机出访，次日凌晨飞经苏联埃楚瓦什自治共和国上空时失事。离京当天他给《收获》主编之一靳以写了一生中最后一封信，靳以二十日得到郑振铎噩耗的同时收到这封信。这样不幸的巧合，恐怕世间少有。

匪夷所思的是，郑振铎的两部旧著《插图本中国文学史》和《中国俗文学史》当时正遭到"批判"。九月二十四日、十月十日和十三日，文化部和中国科学院文学研究所先后召开郑振铎批判会，据郑振铎日记记载，批判"极为尖锐"（郑尔康《我的爸爸郑振铎》）。由于郑振铎的"飞去"，对他更进一步的批判才不了了之。但郑振铎曾任主编的《文学研究》仍在同一期上既刊有悼念郑振铎又刊有批判郑振铎的文章，留下了令后人啼笑皆非的历史印迹。

（原载二〇一四年五月十八日上海《文汇报·笔会》）

从"狮子"到"法国王"

　　一九三一年十一月十九日，诗人徐志摩飞机失事遇难。噩耗传到北平，他的好友胡适在次日日记中曰："朋友之中，如志摩天才之高，性情之厚，真无第二人！他没有一个仇敌；无论是谁都不能抗抗［拒］他的吸力。"并特别在日记中粘贴了报道失事的《北平晨报》剪报。

　　震惊和悲恸之余的胡适，接连写下一文一诗纪念徐志摩，文是有名的《追悼志摩》，诗是《狮子（悼志摩）》。诗发表于一九三一年十二月十四日天津《大公报·文学副刊》第二〇五期，该刊是学衡派的大本营，由学衡派领军人物吴宓主编。吴宓一直对新文学不以为然，但徐志摩"飞去"之后，他在《文学副刊》上

236

胡适《狮子》手稿

刊登胡适、叶公超等人的悼念诗文，即此一端也可证实胡适所说的徐志摩"没有一个仇敌"并非虚言。《狮子（悼志摩）》全诗如下：

狮子蜷伏在我的背后，

软绵绵的他总不肯走。

我正要推他下去，

忽然想起了死去的朋友。

一只手拍着打呼的猫，

两滴眼泪湿了衣袖：

"狮子，你好好的睡罢。——

你也失掉了一个好朋友。"

落款时间为"二十,十二,四"。胡适还对"狮子"加了一个注释："狮子是志摩住我家时最喜欢的猫。"

世事有时真的难以预料。《狮子》发表近八十年之后，手稿惊现于去年北京"德宝"春季拍卖会，与手稿同时拍出的还有胡适一九三一年十二月八日致沈性仁的一封信，为《胡适全集》未收的佚简：

性仁女士：

谢谢你的信。

广告是此间分店中人所拟，误将《玛丽玛丽》的合译字样删去，我已去函令他们更正了。我虽不问分店的事，但我可担保他们删去是无心的错误。

听冬秀说你的身体见好了，我们都很高兴。盼望你安心静养。

小诗一首，写呈　贤伉俪指正。

适之　二十，十二，八。

　　沈性仁是社会学家陶孟和之妻，翻译家，译有剧本《林肯》（英国德林瓦脱著，胡适序）、《法郎士集》（与人合译）。陶、沈伉俪与胡适、徐志摩等交往颇密，都属北京新月社的成员，《胡适遗稿及秘藏书信》中就收录了沈性仁致其信两通。胡适此信中所说的《玛丽玛丽》，系英国占姆士·司蒂芬士（James Stephens，徐志摩译名）所著长篇小说，正是由徐志摩与沈性仁合译，一九二七年八月由上海新月书店初版，徐志摩在译序中对他与沈性仁的合译经过交代得很清楚：

　　这本《玛丽玛丽》（在英国叫做 "The Charwoman's Daughter" ——一个老妈子的女儿），是我前四年在硖石山上度冬时一时高兴起手翻的。当时翻不满九章就搁下了，回北京再也想不起兴致来继续翻。刘勉己也不知是那一位检了我的译稿去刊登了《晨副》，沈性仁看了说那小说不错，我一时的灵感就说那就劳驾您给貂完了它！随后我又跑欧洲去了。沈女士真守信，生活尽忙，居然在短时期内把全书给译成了交给我。是我懒，把稿子一搁就是一年多，想不到留到今天却帮了新月的忙。

没想到新月书店北平分店宣传此书时删去"合译"字样，以致沈性仁致信胡适提出意见。

重要的是，胡适信末所说的"写呈"陶、沈"贤伉俪指正"的"小诗一首"即是《狮子》手稿，毛笔书于10×20字行竖写的一页绿格稿纸上。将《文学副刊》发表本与之比较，手稿无副标题"悼志摩"三字；手稿第三句为"我正想推他下去"，与发表本一字之差；手稿无注释；落款时间则为"一九三一，十二，二。适之"。由此可见，这份《狮子》手稿是初稿，作于一九三一年十二月二日，《狮子》并非学界一直认为的作于发表时所署的一九三一年十二月四日。此外，以陶、沈伉俪与徐志摩的关系，一见到这首《狮子》，应该马上就会想到胡适在悼念徐志摩，但两天之后定稿送出发表，就必须加上副题和那句十分必要的注释了，否则读者会不明所以。

《狮子》以拟人化手法写出了徐志摩的"爱猫"情结。现代作家中，鲁迅仇猫是出了名的。梁实秋是先恨后爱，谢冰心、夏衍、季羡林等则爱猫爱得可以，但梁、谢、夏、季都是后来的事。徐志摩爱猫爱得早，不但在胡适家借住时"最喜欢""狮子"，还有他一九三〇年六月发表的抒情散文《一个诗人》为证，他在此文中把另一只"美丽与壮健化身"的"我的猫"誉为"一个诗人，一个纯粹的诗人"。徐志摩学生、后来成为左翼作家的何家槐在《怀志摩先生》中也写到访问徐家时，徐志摩"旁边蹲着他最疼的猫——那纯粹的诗人。它一定滚动着灵活的眼，半了解半怀疑的，向着我们望"。徐志摩另一友人韩湘眉在《志摩最后的一夜》中更是具体生动地写了徐志摩的爱猫：

志摩！你曾否听见轻微的、遥远的声音呼唤你？你又同得你眷爱的"法国王"（猫名 Dagobert）玩耍。它在你家住过两年，你说你常搂着它睡。我因你去北京，将它领回。每次你来，它总跳伏在你的怀里，可怜的猫，从此不用它再想有那般温存它的人。

当时韩湘眉在南京中央大学外文系任教，"法国王"猫是韩湘眉送给时居上海的徐志摩的礼物。徐志摩十分疼爱"法国王"，在《〈巴黎的鳞爪〉序》里写过"这只没遮拦的"尽爱"蜜甜的捣乱"的小猫。他一九三一年二月应聘赴北平执教北大后，"法国王"被韩湘眉索回，为此事徐志摩与陆小曼之间还产生过误会。韩石山著《徐志摩传》修订本 [1] 记述此事颇详。但我认为《一个诗人》也是写这只"法国王",徐志摩对这只可爱的小猫真是情有独钟。

无论是胡适家的"狮子",还是韩湘眉家的"法国王",都是徐志摩这位爱猫诗人的最爱,连猫都"不能抗拒他的吸力"！

（原载二〇一一年八月二十一日《东方早报·上海书评》）

---

[1] 韩石山：《徐志摩传》，北京：人民文学出版社，二〇一〇年。

郁达夫的"志摩全集序"

　　二〇一二年十月六日晚微博"@如何不沉沦"发帖，认为徐志摩空难后，郁达夫写过三篇纪念文，其中《志摩在回忆里》和《怀四十岁的志摩》已收集，但"依据达夫《冬余日记》记载，应该还有一篇《志摩全集序》，此文未收入《郁达夫文集》。"他的提问激发了我的考证欲。

　　查收集最为齐全的二〇〇七年浙江大学出版社版《郁达夫全集》，并无《志摩全集序》踪影。是达夫未写，写了散佚，还是别有原委？再查达夫一九三五年十一月间的《冬余日记》，关于《志摩全集序》的记载如下：

十一月二十四日 《玉皇山在杭州》(《时代》)《江南的冬天》(《文学》)《志摩全集序》(《宇宙风》)这三篇文字打算于廿六以前写了它们。

十一月二十六日 作追怀志摩一篇,系应小曼之要求而写的……

十一月二十七日 午前将那追怀志摩的东西写好寄出,并发小曼等信。

显然,《志摩全集序》这个标题在《冬余日记》中只出现了一次,此后就改称之为"追怀志摩"了。到了一九三六年一月,《宇宙风》第八期刊出达夫的《怀四十岁的志摩》,时间上正好前后衔接。换言之,发表时正式标题《怀四十岁的志摩》的纪念文,正是《冬余日记》中所说的"那追怀志摩的东西",也即该日记中一开始所提的《志摩全集序》。

这个结论从《怀四十岁的志摩》中也可得到证实。此文最后一段中说:"这次当志摩四十岁诞辰,我想最好还是做一点实际的工作来纪念他,较为适当;小曼已经有编纂他的全集的意思了,这原是纪念志摩的办法之一。"联系《冬余日记》中所说的此文"系应小曼之要求而写的",应可进一步推断:陆小曼为纪念徐志摩四十冥寿和编辑其全集,请志摩中学同窗郁达夫撰文，达夫于是写了情真意切的全集序文《怀四十岁的志摩》。

因此，达夫纪念志摩文仍然只有两篇，《怀四十岁的志摩》就是《志摩全集序》。但是，也许文章标题不同，此后海峡两岸出版的各种志摩全集，包括最新的二〇〇五年天津人民出版社版《徐志摩全集》，均未收录，不能不说是件憾事。今后如再新出徐志摩全集，达夫此序理应置于卷首。

（原载二〇一二年十月二十七日上海《文汇报·笔会》）

"纪念徐志摩"的《十年诗草》

一九四二年五月，桂林明日社初版卞之琳新诗集《十年诗草（1930—1939）》。此书不仅收入卞之琳前期代表作《断章》《圆宝盒》《尺八》《鱼化石》等，还有一个与众不同的特点，就是书前竟有二页题词页，第一页为卞之琳当时正在追求的对象张充和竖行毛笔题签："十年诗草　充和题"；第二页为竖排"纪念徐志摩"五个铅印大字。也就是说，这部《十年诗草》是卞之琳题献给徐志摩的，长期以来却几乎无人提及这个重要的题献。

卞之琳是徐志摩在北京大学外国文学系任教时的学生，用他自己的话说，就是"及门弟子"。他之所以走上新诗创作之路，与徐志摩的鼓励有莫大的关系。

他中学时读到《志摩的诗》，就觉得"介乎《女神》和《死水》之间的一大振奋"。后来又在《冯文炳选集》序中回忆了与徐志摩交往的大致经过：

当时我写得很少，自行销毁的较多。诗是诗，人是人，我写诗总想不为人知。大概是第二年初诗人徐志摩来教我们英诗一课，不知怎的，堂下问起我也写诗吧，我觉得不好意思，但终于老着脸皮，就拿那么一点点给他看。不料他把这些诗带回上海跟小说家沈从文一起读了，居然大受赞赏，也没有跟我打招呼，就分交给一些刊物发表，也亮出了我的真姓名。这使我惊讶，却总是不小的鼓励。

卞之琳在徐志摩主编的《诗刊》上首次发表的新诗是《群鸦》《噩梦》《魔鬼的 SERENADE》《寒夜》四首，时在一九三一年四月二十日第二期。七个月之后，徐志摩就不幸空难了。如何纪念徐志摩？卞之琳在《十年诗草·题记》中详细交代了把此书题献徐志摩的原委：

大家想到志摩身〔生〕前的热闹和刚逝世以后许多人竞写"志摩与我"的热闹，觉得很伤感。可是到今年的十一月十九日我才想起去年这位朋友的计算是错了，今年才真是十周年。我还是沉默着连跟朋友都没有谈起地过了这个十年忌。直到现在，又过了一个月，考虑着如何应出版一本书的要求，我就想起了，为了私人的情谊，为了他对于中国新诗的贡献——提倡的热诚和推进技术底于一个成熟的新阶段以及为表现的方法开了不少新门径的功绩——而把我的到目前为止的诗总集（我不认为《十年诗草》是我的诗选集）作为纪念徐志摩先生而出版吧。不管我究竟配不配用它来纪念他，不管人家会不会说我"你这样不是也就等于写'志摩与我'吗？"我算是向老师的墓上交了卷……

原来卞之琳把《十年诗草》"作为纪念徐志摩先生而出版"，此书即是他对自己十年新诗创作较为全面的回顾，也是他为老师逝世十周年献上的一份别致的祭礼。明乎此，题词页郑重其事地印上"纪念徐志摩"也就理所当然了。

新文学诗人出版诗集，往往追求别具一格，卞之琳在这方面更是讲究，先后印过"薄渗墨纸"毛边本《三秋草》、线装本《音尘集》，《十年诗草》也不例外。此书版权页上印有如下一段文字：

本书初版用甲种贡纸印三册，号码由甲至丙；用上等重纸印三十册，号码由一至三十，为非卖品；用浏阳纸印二百册，号码由一至二百。

居然有那么多名堂，而我手头这本普通土纸本，则是"1～3100 册"之一。尽管如此，风雨沧桑六十多年之后，存世也不多了吧？

（原载二〇一八年十一月二十五日香港《明报·世纪》）

徐悲鸿说徐志摩

昔日读陈从周《〈徐志摩年谱〉谈往》，注意到其中一段话：

（《年谱》）结集时已快面临解放了，朋友劝我不要干这蠢事，请赵景深先生作序，他不肯写，徐悲鸿先生要我搞鲁迅，但都扭转不了我这颗"无缘无故的爱"的心，硬着头皮干下去了。

陈从周"硬着头皮"，于一九四九年秋自费印行《徐志摩年谱》，为徐志摩研究提供了珍贵史料。赵景深未写序，只能以他的旧文《志摩师哀辞》"代序"。但徐悲鸿具体如何要求陈从周不搞徐志摩"搞鲁迅"，一直不知其详。直到读了上海图书馆编《中国尺牍文献》（二〇一三年十一月上海古籍出版社版）所收徐悲鸿致陈从周的一通信札，才找到了部分答案：

从周同志：

　　得书，藉悉一切。敝院中国美术史，现聘清华大学王逊先生讲授，大约是用讲义，俟一查。胡蛮著《中国美术史》有数处须改正（如说王维一段，友人启功便作文与之商讨）。总之，立在历史唯物观点参考可搜材料，便不难讲。来纸摺［折］断，俟便中挥成再寄。志摩年谱鄙意出版后欢迎者恐不甚多，盍用精力从事其他工作乎？我在一九三九至一九四〇被泰戈尔翁聘至圣地尼克坦，知翁对于志摩印象甚好，但他到中国讲学，我尚在欧洲，完全不明白。我与志摩相识在一九二二德国柏林，过从并不密，我们对于美术看法亦不一致（他主张时髦的形式主义），其人确甚可亲。大千先生至印度，恐系无可如何。我们希望他来北京，与我们同样生活，若照他已往之豪华情况，则不可能矣。如通函，希为致意。此祝

　　百益

　　　　　　　　　　　　　　悲鸿顿首

　　　　　　　　　　　　　　　十月廿一日

此函内容丰富，最重要的还是对徐志摩的回忆。信中透露两人一九二二年在柏林结识，"过从并不密"。其实何止"并不密"，两人一九二九年还有过一场激烈争论。是年四月，国民政府教育部在沪举办第一届全国美展，徐志摩担任《美展》三日刊编辑。徐悲鸿致函徐志摩，不但拒绝参展，还对"现代派"绘画大加挞伐，指责马奈"庸"，雷诺阿"俗"，塞尚"浮"，马蒂斯"劣"，而凡·高"彼等之画一小时可作两幅"，他们的画犹如"吗啡海绿茵"。徐志摩将此信以《惑》为题刊于《美展》第五期，同时在第五、六期连载他的回应之文《我也"惑"》，态度鲜明地批评徐悲鸿的主张，赞扬塞尚等均是西方艺术界"殉道的志士"。这就是徐悲鸿信中"我们对于美术看法亦不一致"之由来。"二徐之争"影响深远，时至今日，徐悲鸿的偏执和徐志摩的开放都应已尘埃落定。

但是，徐悲鸿不能不承认徐志摩"确甚可亲"。争论之后，二徐仍有所交往。一九三〇年徐悲鸿还画了一幅猫送给徐志摩重修旧好。这是现存徐悲鸿猫画中最好的一幅，他在画上的题词耐人寻味：

志摩多所恋爱，今乃及猫。鄙人写邻家黑白猫与之，而去其爪，自夸其于友道忠也。

庚午初冬　悲鸿

　　尽管如此，时过境迁，当陈从周一九四九年十月致函徐悲鸿请教关于《徐志摩年谱》诸事时，徐悲鸿就对其工作表示怀疑和反对："盍用精力从事其他工作乎？"虽然并未明说，陈从周将之理解成转"搞鲁迅"，也就并不奇怪了。幸好陈从周没有听从徐悲鸿，而是固执己见，坚持印出了《徐志摩年谱》。

　　（原载二〇一六年一月二十四日香港《明报·世纪》）

"原意"

　　学生送我一册臧克家编选的《中国新诗选》（一九一九至一九四九），一九五七年三月中国青年出版社第二版。此书一九五六年八月初版，但第二版别有意味。

　　第二版的奥秘在于编者一九五六年十一月二十八日作《再版后记》中的一段话："借着再版的机会，加入了徐志摩的两首诗。在'代序'里，对于徐志摩的评论也本着我的原意进行了修改。"再版本加入的徐志摩两首诗是《大帅（战歌之一）》和《再别康桥》，都是徐志摩的代表作，也正好展示了徐志摩诗的两种面向。

　　《新诗选》有编者的"代序"《"五四"以来新诗发

展的一个轮廓》。文中对新月派和其"主要诗人"徐志摩及"一分子"闻一多有所评论。这是可以理解的，因为编者与新月派渊源颇深。他是闻一多当年在青岛大学执教时器重的"两家"之一（另一"家"是陈梦家）。徐志摩飞天后，他写了悼诗《吊志摩先生》，发表于一九三一年十二月二十六日青岛《民国日报》副刊：

你这奇怪的死，

是一首伟大的诗，

任何人读了，

都长叹一口气。

你用血肉，血淋淋的，

涂出了人生的面目。

这样的表现真可怕，

叫后来的人怎么活下去！

但到了初版本"代序"中，编者认为徐志摩是"反动统治者文艺上的代言人"，"给青年以很深的毒害"。对其诗也一首不选。在当时的文化语境下，他这样评判徐志摩，或也可以理解。但这未必符合他的"原意"，他的"原意"是什么呢？一九五六年五月

"双百"方针提出，不久《新诗选》要重印，于是编者紧跟形势，对"代序"作了修改，增补了一段重要的话："徐志摩的诗，在艺术表现方面是有他自己的风格的。他追求形式的完美。他的诗，语句比较清新，韵律也比较谐和。他的表现形式对于他所要表现的内容，大致是适合的。"当然，在修改过的"代序"中，他仍坚持徐志摩是"资产阶级代表性的诗人"的观点，他的"原意"是有限度的。

不管怎样，《新诗选》第二版毕竟加入了徐志摩两首诗，"代序"中对徐志摩也有了一些积极的评价，这就够了。必须指出，虽然上海北新书局一九五三年重印过徐志摩散文集《落叶》（第六版），但一九四九年以后，徐志摩的诗正式与内地读者见面，却自《中国新诗选》第二版始。读者再读到徐志摩的诗，则要等到二十四年之后了。因此，在徐志摩作品传播史上，此举不能不记。

（原载二〇一三年十月二十日上海《文汇报·笔会》）

徐志摩雕像

　　二〇一五年十月二日是天津大学建校一百二十周年。天津大学前身是一八九五年创建的北洋大学堂，创办人即中国近代史上赫赫有名的盛宣怀。这是中国第一所现代大学，一九一三年更名国立北洋大学，一九五一年定名天津大学。

　　十年前，天津大学建立了以作家、画家和文化学者冯骥才先生名字命名的冯骥才文学艺术研究院。建院之初，冯先生为天津大学树立第一座雕像——创办人盛宣怀塑像，"以增添（天大）校园空气人文的含量"。十年后，冯先生又为天津大学树立第二座雕像——徐志摩雕像。十月三日，徐志摩雕像揭幕仪式在天大冯骥才文学艺术研究院环境幽静秀美的庭园里隆重举行。

徐志摩是天津大学的杰出校友。一百二十岁的天大，作育英才无数，但就文学艺术领域而言，最为有名的学生，就非徐志摩莫属了。只不过徐志摩在天大所学，并非文学，而是法学。

我在徐志摩雕像揭幕仪式上得到了印制素雅的《志摩回到母校》纪念册，书中首次披露徐志摩以徐章垿原名入学北洋的《北洋大学校学生履历册》的相关讯息。在一九一六年十二月印制的"北洋大学校"第一部补习班名录里，徐章垿的履历是：籍贯"浙江省海宁县"；学历"浙江第一中学毕业 沪江大学正科修业"，而在"备考"栏内则注明："民国六年七月补习半年期满，经入校试验及格。本校因法科停招，（转？）送北京大学"。

由此可知，徐志摩在离开上海沪江大学后，入"北洋大学校"法科补习班（即法科预科）完成了半年学业，时在一九一七年上半年。该年下半年因北洋法科停办，徐志摩转入北京大学。

更有意思的是，纪念册还刊出了徐志摩在"北洋大学校"半年的学习成绩单（一九一八年出具，英文成绩单，当为其赴美留学之用）。他所学五门课程，门门成绩优良：

英文 88 分，中国文学 90 分，世界历史 98 分，法律基础 90 分，逻辑心理学 86 分（当时北洋的及格线为 50 分，满分 100 分）。

因此，尽管徐志摩在"北洋大学校"只学了短短半年左右时间，但从这份出色的成绩单，可知这段求学经历对徐志摩颇为重要，为他日后进入北大，再进美国克拉克大学和哥伦比亚大学深造，都打下了扎实的基础。

也因此，冯先生在徐志摩第二所大学母校树立徐志摩雕像，颇具创意，也富远见。这不仅是内地第一座徐志摩雕像，是对徐志摩文学成就的充分肯定，更是对文学的最高形式——诗的赞颂。

徐志摩雕像由山东工艺美术学院副教授商长虹先生创作，费时两年又三个月。身材修长的徐志摩戴着眼镜，身穿长衫，脚蹬皮鞋，侧站在台基之上，面对研究院别致的水上建筑若有所思，或在思索人生，或在构思新作？雕像树立在爬满绿叶的研究院高墙之前，台基之上又镌刻着徐志摩的名诗《再别康桥》。整个雕像区清隽肃穆，诗意盎然，正如冯骥才先生在《缘何为徐志摩立像》中所说："它看似写实，实际却是一种意象，一种气质，一种凝固的性灵。"

天津大学徐志摩雕像的树立，使这位二十世纪中国的天才诗人永远定格在北洋的文化史里。

（原载二〇一五年十月十一日香港《明报·世纪》）

徐志摩纪念馆

二○一六年八月九日，徐志摩纪念馆在杭州诞生。

徐志摩是中国现代诗人，以他的诗和散文、以他创办的新月社和他主编的《新月》杂志而名扬海内外。奇怪的是，他的故乡浙江海宁、与他关系密切的北京和上海，均无他的纪念馆，反而是他短暂攻读大学的天津立起了他的雕像，他飞机失事的济南设立了他的研究会。而今，他的第一个纪念馆终于在他中学求学地杭州落成。

由企业家罗烈洪先生创立的徐志摩纪念馆陈列徐志摩生平、著作（包括各种早期版本）和各个不同历史时期的留影，既可供徐志摩爱好者欣赏，更可供徐志摩研究者参考。其中不乏稀见资料。徐志摩发起的国际笔会中国分会，一九三〇年十一月十六日在上海成立，当年我只在《时事新报》上查到了相关报导，而纪念馆首次公开陈列当时《申报图画周刊》刊登的一幅颇有历史意义的成立会照片，胡适端坐长方桌一头，徐志摩、邵洵美等坐在两侧，弥足珍贵。他们三位都是国际笔会中国分会的发起人。

纪念馆还首次公开陈列徐志摩"飞去"后，社会各界像雪片般发给胡适的电报。陆小曼一九三〇年十一月二十日下午二时三十五分的电文为"志摩到否？乞复。曼"。陈小蝶十一月二十日下午四时三十分的电文为"徐志摩无恙否？电示华龙别业陈小蝶"。张歆海十一月二十日下午六时四十五分的电文为"北平景山米粮库胡同四号胡适：志摩不在，昨天济南飞机失事，生活中最让人难过的消息，罗莎琳德 歆海"。杨振声十一月二十日的电文为"得济电称，志摩早八在党家庄□礁身故，请通知其家。声"。邵洵美十一月二十一日中午十二时五十分的电文为"转胡，志摩，国人悲恸。小曼将来，当共善后。美"。张慰慈等十一月二十二日下午四时十分的电文为"胡适，摩体尚完整，昨晚已殓，今晚九时南里，由安□、从文在此。禹九今晚到。成、慈、若"。当时沈从文、梁思成、张慰慈、张奚若等都赶到济南，满怀悲痛参与徐志摩罹难的善后工作。

徐志摩纪念馆开张之际，徐志摩老师梁启超书赠他的一幅集宋人词长联和有胡适、杨铨、邓之诚等多家题跋的陆小曼所绘山水长卷，也正好在浙江省博物馆武林分馆展出。这两件珍贵的字画，陆小曼一九六五年临终时郑重交付陈从周，陈从周后捐赠浙江省博物馆，得以躲过十年浩劫而幸存。尤其山水长卷当年徐志摩随身携带上机，因外盒牢固而奇迹般完好无损，正如陈从周晚年所感叹的："历劫之物，良足念也。"这也是浙江博物馆入藏这两件珍品整整半个世纪后首次公开展出。

梁启超所书长联全文如下：

临流可奈清癯，第四桥边，呼棹过环碧。

吴梦窗《高阳台》、姜白石《点绛唇》、陈西麓《秋霁》

此意平生飞动，海棠影下，吹笛到天明。

辛稼轩《西江月》、洪平斋《眼儿媚》、陈简斋《临江仙》

集宋词制楹贴，此颇隽逸，写似志摩，想见陪竺震旦泛西湖及法源寺丁香树下一夜也。

甲子七月既望，启超作于北海松馆

甲子为一九二四年，那年春泰戈尔首次访华。此联朱丝格北魏体，不仅书写工整，而且上下联每句出处也一一注明，又与徐志摩陪泰戈尔游览西湖和曾在北京法源寺丁香树下吟诗一夜的"今典"相切合，所以梁启超自己颇为看重，他曾表示："我所集最得意的是赠徐志摩一联"，"此联极能表出志摩的性格，还带着记他的故事"（梁启超《〈饮冰室诗话〉附录》）。

徐志摩纪念馆的地址是杭州上塘路九十七号大院内。

（原载二〇一六年八月十四日香港《明报·世纪》）

附　录

还她一个公道

——柴草著《陆小曼传》序

三年前，我那时还在华东师范大学图书馆任职，一天有位年轻的不速之客来访。他自报家门，说正负责浙江海宁徐志摩故居的陈列设计，专程来沪搜集徐志摩的资料并访问有关专家。我不是专门研究徐志摩的，只是喜欢读点徐志摩，虽然也曾发掘过一些徐志摩的史料，自忖并不能对他有多少帮助。但有同好远道而来，不亦乐乎！何况徐志摩故居的维修开放也是我所关心的事，于是就围绕徐志摩这个永不会感到乏味的话题畅谈了一个上午。我发现这位青年朋友很用功，也肯用心，对徐志摩研究有股锲而不舍的钻劲，这在当前的年轻人中已不多见了。

这位虽仅一面之缘，却给我留下较深印象的年轻人就是这部别开生面的《陆小曼传》的作者柴草。

自从电视连续剧《人间四月天》两年前在海峡两岸播放以来，"徐志摩热"连带诗人生命中的三位重要女性，即张幼仪、林徽因和陆小曼，骤然升温，至今仍余波荡漾。但人们对张、林两位褒扬有加，对陆小曼却是贬抑无减，其原因当然甚为复杂，一言难尽。这里有对张幼仪才干的肯定，有对林徽因学识的推重，惟独缺少的是对陆小曼的理解和同情。

必须指出，《人间四月天》在很大程度上受到了《小脚与西服——张幼仪与徐志摩的家变》（张邦梅著，谭家瑜译，一九九六年十一月台北智库文化公司初版）一书的影响。此书为张幼仪作传，本无不可，张幼仪其人其事也确实值得一写，但书中竭力张扬张幼仪的自强自立、精明能干、女权意识超前，对徐志摩又情至义尽，并借张幼仪之口，肆意批评林徽因和陆小曼，尤其是陆小曼。由于林、陆两位早已去世，无法再为自己辩说，这就难免借话语霸权歪曲历史真相之嫌，以致误导认识陆小曼的天平发生倾斜，这是令人遗憾的，也是很不公平的。

柴草显然意识到了这一点。他原先对研究徐志摩兴趣甚浓，还发现过徐志摩的佚文。但他马上注意到徐志摩研究中有一个明显的不应有的空白，即一方面对陆小曼充满误解，另一方面关于陆小曼的资料却十分匮乏。林徽因的诗文集和多种传记早已行世，张幼仪好歹也有了《小脚与西服》，惟独陆小曼什么也没有。是不是陆小曼真的不值得研究者一顾？

　　记得柴草曾就搜集整理陆小曼资料一事征询我的意见。我的看法是明确的，这项工作应该做，必须做，因为它对深入研究徐志摩意义非同一般。令人欣慰的是，柴草说干就干，锐意穷搜陆小曼留下的文字，"上穷碧落下黄泉"，哪怕是只言片语也不放过，终于编就《陆小曼诗文》一书付梓。从这部诗文集中我们真切地感受到陆小曼多方面的才华，她的散文（尤其是纪念徐志摩的那些动人篇章）、小说、旧诗和与徐志摩合作的剧本，在在显示了她在文学上的天赋；而她的山水画造诣也经刘海粟、贺天健等名家的品评而不容忽视。尽管《陆小曼诗文》还有遗珠之憾，如较为重要的《爱眉小扎》桂林版重印本序和《关于王赓》等文失收，但柴草从编选这部诗文集所得出的陆小曼并非是完全依附于徐志摩的，她有自己出众的才艺和独立的生活的结论是正确的，富于启示的。

　　我不知道柴草何时萌生了为陆小曼立传的想法，很可能是在编选《陆小曼诗文》前后。这是进一步为陆小曼正名，洗刷那些强加在陆小曼身上的不实之词，还陆小曼本来面目的可喜尝试。我把这部传记通读一遍，确确实实地感受到柴草为撰写这部传记所付出的劳动。他泡图书馆挖掘、踏勘传主生活过的地方考察、寻访徐家和陆家的亲朋好友求证，所花费的时间和精力外人是难以想见的。在我看来，这是撰写任何一种人物传记所必不可少的先决条件，不尽可能地掌握传主生平的第一手资料，不做大量的调查研究，单凭一支"生花妙笔"是写不出可靠的能作为"信史"来读的人物传记的。

跟随着柴草的描绘，我们知道了陆小曼的出身、求学和第一次不成功的婚姻，我们也知道了陆小曼与徐志摩的相识、热恋和令人艳羡的结合，我们更知道了两人婚后的状况和徐志摩最后的坠机殒命。虽然其中有不少情节早已为前人一再述说，但柴草的认真考订和细致分析还是引人入胜；虽然其中也博采众长，吸取了不少他人的研究成果，但更多的是作者自己的独家发现。特别是对有不同乃至对立说法的历史公案，作者也是众说并列，力求客观公正。如徐志摩"北上"的真正原因；对梁任公在徐、陆婚礼上有名的"训词"，柴草就引述鲜为人知的任公在徐、陆婚后第二天给梁思成、林徽因的信，说明任公其实更不满陆小曼。对这段"训词"的负面影响，他又引赵清阁晚年的回忆加以说明，并一针见血地指出：梁任公带有私心，对徐、陆是不公平的。这样的例子在书中很多，我们可以清晰地把握作者企图在新旧杂陈的社会文化氛围和复杂微妙的文人关系中把握传主性格、命运的努力。

《陆小曼传》对徐志摩不幸英年早逝后陆小曼的心境和生活着墨甚多，尤见作者的识见和功力。如果说在徐志摩生前，徐、陆之间的矛盾冲突，陆小曼有其自身性格的原因和不容推诿的责任，那么在徐志摩身后，陆小曼的表现就几乎是无可指摘的。她写下了一篇又一篇感人至深的悼徐文字，公开发表了可能会对她产生不利的志摩日记，为整理出版徐志摩遗著更是奔走呼号，不遗余力，这些都足以说明陆小曼对徐志摩的深情。如果不是陆小曼精心保存了《志摩全集》的书稿，对徐志摩作品的全面整理就要推迟许多年，仅此一端就可断言陆小曼在徐志摩研究史上功不可没。至于她晚年在绘画创作上的成就也是十分难得的。这一切在柴草的传记中均有生动而又充分的反映，它体现了作者引导读者全面、完整地认识和了解陆小曼的良苦用心。

假定没有与徐志摩的这一段刻骨铭心、轰动全国的爱情，没有成为当时直到今天大刊小报追踪报道的热门话题，陆小曼这位女性值不值得为之立传？我想答案也是不言而喻的。作为一个受过西式高等教育，又钟情中国传统文化的现代女性，在中西混杂、新旧交替之际，她对爱情和理想婚姻的追求，对文学艺术的爱好，以及她的彷徨、苦闷、失败、消沉和悔恨，都很有代表性。"一滴水见大海"，从陆小曼的传记中可以折射出那个时代的一鳞半爪。

柴草的这部《陆小曼传》行文颇有特色，娓娓道来，清新流利（我只对章回体的章节标题持一点保留意见，不过这可能是我的偏见），无疑有助于吸引更多的读者。但更重要的是，我们从中看到了一个远离误解的陆小曼，一个接近真实的陆小曼，而这也无疑有助于徐志摩研究的深入，有助于为陆小曼在徐志摩生命史上定位，有助于拨开迷雾、重新审视徐志摩与张、林、陆三位女性的关系，从而进一步诠释徐志摩其人其文。这也就是我乐意为柴草这部《陆小曼传》作序的原因。

二○○二年四月八日于上海

（原载二○○二年五月百花文艺出版社初版《陆小曼传》）

被误解的陆小曼

民国时期的名媛才女，陆小曼是名副其实的一位。当年不比今日，是歌星影星球星的一统天下，诗人之妻，而且是位再婚的，也一再被大报小报"娱记"所追捧，所津津乐道，自然，同时也被误解，被歪曲。直至陆小曼死后三十多年，电视连续剧《人间四月天》播映，剧中的陆小曼仍不为人所理解，所接受。

陆小曼虽然自幼被父母视为掌上明珠，娇生惯养，却并不是徒有漂亮、腹笥空空的女子。她受过良好的教育，又颇有天分，对文学、美术、音乐和戏剧都有造诣。今天我们能够读到的她与徐志摩的爱情日记，两地情书，是多么缠绵，多么浓烈，不仅是五四以来新文学情爱作品中的奇葩，也足以成为当今热恋中男

陆小曼表演《思凡》剧照

女表白爱情的范本。她与徐志摩拥抱，并不落入才子佳人的俗套，可以毫不夸张地说，是才子＋才女的结合，十分难得。

有人以徐志摩未能与林徽因结合为憾，又以徐志摩与陆小曼结合为恨，实在是只知其一不知其二的皮相之见。

我们应该明白，陆小曼的才情是被徐志摩的盛名所掩了。这在男权中心的社会中是常有的事，不足为奇。其实，早在徐志摩生前，陆小曼就与他合作过话剧《卞昆冈》，连为之作序的话剧大师余上沅也不得不承认小曼"在故事及对话上的贡献"。

陆小曼还搞过翻译，在徐志摩"飞天"之后写过新诗（她的旧体诗也不错），写过情挚意切的悼念散文，写过颇获好评的小说，还写过自有见地的美术评论。她的画作，也一再受到国画大师刘海粟、贺天健等的肯定。四十年代初，她的"山水（画）润例"，已与大画家吴湖帆等人的相差无几。至于她的京昆演唱，尽管还是"票友"水平，但在当时也受到过戏剧界的赞誉。

试想想，这样艺文兼美的才女在民国文化名人的妻子中还能找出几位？论文采风流，林徽因只是稍胜一筹，鲁迅夫人许广平也不过如此。至于被郁达夫先是爱得死去活来、后又恨得斥为"下堂妾"的王映霞，就更是等而下之了，虽然她晚年写了自传，但这是别人帮助整理的。

平心而论，陆小曼有点懒散，有点任性，她所欠缺的不是容貌，不是才华，而是理财本领，有点挥霍无度；也不大会待人接物，对徐志摩也一度缺乏应有的理解。但女人爱化妆，喜打扮，讲排场，可能是天性爱美使然，见过大世面的习惯使然，不必过分苛责。

徐志摩英年早逝，对陆小曼而言，犹如晴天霹雳。打击之大，用她自己的话说"苍天如何给我这样惨酷的刑罚呢！从此我再不信有天道，有人心，我恨这世界，我恨天，恨地，我一切都恨！"陆小曼后来曾与一直关心她的翁瑞午同居，但始终未与他正式结婚，她始终深爱着徐志摩。

从上个世纪三十年代至六十年代，陆小曼忍受着极大的痛苦和种种流言蜚语，后来又冒着为"资产阶级文人"张目的风险，一直为整理出版徐志摩遗著而奔走呼号，尽心尽力。

有这样一个美丽的传闻。一九五〇年代某一天，早年读过徐志摩作品，并与徐志摩有文字之争，时任上海市市长的陈毅在参观一个画展时，为一幅署名陆小曼的国画所吸引，当他被告知这位陆小曼正是徐志摩的未亡人时，立即指示要照顾她的生活，发挥她的才华。于是陆小曼时来运转，被聘为上海市文史馆馆员，得以安享晚年。

尽管直至去世，陆小曼未能亲见徐志摩遗著的出版，但她的工作为后人的徐志摩研究打下了基础，开启了窗户，铺平了道路。今天我们终于有了搜录较为完备的《徐志摩全集》，我们的徐志摩研究也得以不断进展，是不能不深深感谢陆小曼的。

《人间四月天》扬张（徐志摩第一任妻子张幼仪）捧林（林徽因）抑陆（陆小曼），虽然极尽煽情之能事，实在毫无道理。在我看来，张幼仪虚伪，林徽因矫情，只有陆小曼最真诚。也许是偏见，如果非要在三者之中作一选择，笔者是宁取陆小曼而弃张幼仪和林徽因的。

（原载二〇〇三年十二月《上海电视》月末版试刊）

陆小曼集外文小议

读赵家璧一九八一年十月所作的《徐志摩和泰戈尔》(刊一九八四年八月三联书店初版《编辑忆旧》),文中回忆"上海沦为孤岛时期,小曼曾为《良友画报》写过一篇纪念泰戈尔的散文,遥祝印度老诗人的八十寿辰。"这段话引起了笔者的注意。查《陆小曼诗文》(柴草编,二〇〇二年一月百花文艺出版社初版),只收入陆小曼一九五七年所作的《泰戈尔在我家作客——兼忆志摩》一文,这篇"孤岛时期"所作纪念泰戈尔的散文应是陆小曼的一篇集外文。

于是查《良友图画杂志》,果然在一九四〇年八月出版的第一百五十七期上见到了陆小曼作《泰戈尔在我家》,证实赵家璧所言不虚。此文开宗明义,就写道:"谁都想不到今年泰戈尔先生的八十大庆倒由我来提笔庆祝。"与相隔多年后所写的《泰戈尔在我家作客——兼忆志摩》一文相比,此文内容更为真实、具体、生动。文中还首次透露泰戈尔离别上海时,徐志摩曾口头答应泰戈尔,他八十诞辰时,将亲赴印度向老人家祝贺。遗憾的是,由于飞机失事,徐志摩生前的这个承诺永远无法实现了。

据马国亮在《良友忆旧》(二○○二年一月三联书店初版)中回忆,因抗战爆发和良友图书公司内部纠纷,《良友图画杂志》一度停刊,一九三九年一月在上海复刊后改由张沅恒主编。张沅恒是赵家璧在光华大学的同学,也是徐志摩的学生。笔者推测,他发表陆小曼这篇文情并茂的《泰戈尔在我家》,很可能出于曾主持《爱眉小扎》编务的赵家璧的推荐,这是完全在情理之中的。

笔者已经不止一次地说过,由于电视连续剧《人间四月天》的误导,陆小曼的形象被严重歪曲了。其实陆小曼是很有文学才华的,可惜为徐志摩的盛名所掩,鲜有人提及,也鲜有人研究。这可以一部《陆小曼诗文》为证,也可以不久前才"出土"的散文《随着日子往前走》和新诗《秋叶》为证(参见二○○三年十月十七日《文汇读书周报》),更可以这篇新发现的《泰戈尔在我家》为证。二十世纪中国女性文学史上是不应忘记陆小曼这个名字的。

（原载二〇〇四年三月十二日上海《文汇读书周报》）

"死花"

　　溽暑中读各大拍卖公司二〇一三年春拍图录，见西泠印社图录中陆小曼一九五七年九月三十日致卞之琳函一通，意外的惊喜。原信如下：

之琳同志：

　　虽然我们好象没有见过面，可是我早就知道您了。听见从文说你在为志摩编诗集，我是真高兴！

　　本来序可以早就写好的，一则因为这几个月来为了斗争右派，开会实在忙，我的精力又有限，所以特别感到做不出事来。二来是本来写好了，后来你们来信又叫我写一点志摩的简历，只好又改写一次，一直到今天才寄上，真是抱愧得狠。久不写东西，脑子生了铁，手也硬了，写得太坏，只好费您的心，为我改删改删，好不好？

他的遗稿实在少，尤其是诗稿，因为当时他写出来就送去发表，家里从来也不留底的，我寻出了一点零碎东西，你看能用不能用再来信吧！墨笔写的家信倒是有许多，可惜都是长的多，为了这事我真是为难了许久，要是不合适，您只管来信问我好了。照片也是不多，寄上的请您看那一张合式就用那一张好了。

散文我已经选得不少了，但不知须要多少字，请你告诉我声好不好？你们还须要我做些甚么，随时写信来好了。匆匆，即问

近好

陆小曼顿首　卅日

从中可以得知，一九五七年拟出版徐志摩作品选，委托卞之琳主其事，所以才有陆小曼此信，与卞之琳讨论徐书之序、徐之遗稿以及选文等事。陆小曼当时是上海文史馆馆员。学界以前一直以为这本徐志摩作品选是诗选，但从陆小曼信中不难发现，其实还可能包括了散文，也就是说，这可能是一本选录新诗和散文的较为完整的徐志摩选集。

卞之琳主其事当然是合适的人选。据他后来回忆，

"我做他（徐志摩）的正式学生，时间很短，一九三一年初，他回北京大学教我们课，到十一月十九日他遇难为止，这不足一年的时间；就诗的关系说，我成为他的诗的读者，却远在一九二五年我还在乡下上初级中学的时候。我邮购到《志摩的诗》初版线装本（后来重印的版本略有删节）。这在我读新诗的经历中，是介乎《女神》和《死水》之间的一大振奋。"（《徐志摩诗重读志感》）卞之琳与徐志摩的关系，还可补充的是，徐志摩在其主编的《诗刊》一九三一年四月第二期上一次就发表了卞之琳的《群鸦》《噩梦》等四首诗，并在《前言》中赞扬卞之琳的诗是"新起的清音"，足见他对卞之琳的赏识。

不过，编选徐志摩作品本还有另一位合适的人选，那就是陈梦家。陈梦家是新月派后起之秀，《新月诗选》的编者，后来虽然专攻古文字学和考古学，但他在一九五七年二月《诗刊》第二期上发表评论《谈谈徐志摩的诗》，强调徐志摩"清新活泼的诗句，曾经受过读者的喜爱……和同时代的作者相比，他写过比较多的诗。这些诗，尽管已经过了二十五年以上，我们当时读过的而今日重翻一遍，觉得其中有些首并没有忘记。"在多方面分析徐志摩的新诗成就和局限之后，陈梦家率先提出了"我个人以为他的诗还是可以重选"的主张。

可惜他不久就被打成"右派","泥菩萨过河——自身难保",编选徐志摩诗当然不可能再轮到他了。

这册徐志摩选集具体是如何编选的？卞之琳生前并未提及，详细情形已不得而知。值得庆幸的是，陆小曼一九五七年九月为徐志摩选集所作长序的定稿也保存下来了。序文开头说得好：

我想不到在"百花齐放"的今天会有一朵已经死了廿余年的"死花"再度复活，从枯萎中再放出它以往的灿烂光辉，让人们重见到那一朵一直在怀念中的旧花风致。这不仅是我意想不到的，恐怕有许多人也不会想到的。

然而，陆小曼的梦想并未成真。她再次"意想不到"的是，"反右"之后的形势毕竟大不相同了，百花不再齐放，徐志摩选集最终无法问世。"死花"未能"复活"，而是继续"枯萎"了很多年。直到一九八一年，重编并由卞之琳撰文代序的《徐志摩诗集》才由四川人民出版社出版，成了另一种"重放的鲜花"。其时，陆小曼已经谢世一十六年。

（原载二〇一三年二月十二日广州《时代周报》专栏版）

图书在版编目（CIP）数据

说徐志摩 / 陈子善 著. -- 上海：上海书店出版社，
2019.8
ISBN 978-7-5458-1844-4

Ⅰ . ①说… Ⅱ . ①陈… Ⅲ . ①徐志摩（1896-1931）
-生平事迹 Ⅳ . ①K825.6

中国版本图书馆CIP数据核字(2019)第156587号

出版策划 草鹭文化
责任编辑 吕高升
特约编辑 董熙良
营销编辑 张　璋
封面设计 杨　庆

说徐志摩

陈子善　著

出　　版　上海书店出版社
　　　　　　（200001　上海福建中路193号）
发　　行　上海人民出版社发行中心
印　　刷　苏州市越洋印刷有限公司
开　　本　889×1194　1/32
印　　张　9.25
版　　次　2019年8月第1版
印　　次　2019年8月第1次印刷
ISBN 978-7-5458-1844-4/K.350
定　　价　66.00元